아산재단 연구총서 제460집

한국가정과 다문화가정 내 배우자 폭력의 유형 및 특성 비교 연구

한국가정과 다문화가정 내 배우자 폭력의 유형 및 특성 비교 연구

This Edition was published by Jipmoondang in 2020, Seoul, Korea.

아산재단 연구총서 第460집

한국가정과 다문화가정 내 배우자 폭력의 유형 및 특성 비교 연구

그레이스 정

집문당

그레이스 정 University of California at Irvine, Biological Sciences 졸업
University of Illinois at Urbana-Champaign, Human Development & Family Studies 석사
University of Illinois at Urbana-Champaign, Human Development & Family Studies 박사
현재 서울대학교 아동가족학과 교수

아산재단 연구총서 제460집

한국가정과 다문화가정 내 배우자 폭력의 유형 및 특성 비교 연구

2020년 4월 30일 1판 1쇄

저자 | 그레이스 정
발행인 | 임동규
발행처 | **(주)집문당**
등록 | 1971. 3. 23. 제2012-000069호
주소 | 03134 서울시 종로구 돈화문로 82, 5층
전화 | +82-1811-7567
이메일 | sale@jipmoon.com
홈페이지 | www.jipmoon.com

ISBN 978-89-303-1867-9 94330
978-89-303-1500-5(세트)

가격 13,000원

이 도서의 국립중앙도서관 출판시도서목록(CIP)은 e-CIP홈페이지(http://www.nl.go.kr/ecip)와 국가자료공동목록시스템(http://www.nl.go.kr/kolisnet)에서 이용하실 수 있습니다.
(CIP제어번호: CIP2020014758)

머리말

일반적으로 배우자 폭력이라고 하면 물리적 폭력과 그 파괴성이 가장 먼저 떠오를 것입니다. 물리적 폭력의 강도와 빈도는 매우 중요한 정보를 제공하지만 부부관계의 권력 구조와 통제행위에 대한 맥락적인 이해 없이 배우자 폭력의 본질을 제대로 파악하는 것은 사실상 불가능합니다. 이에 본 연구는 물리적 폭력, 권력 구조, 그리고 통제행위를 고려하여 배우자 폭력의 다양한 유형을 탐색하고 제도적 개입 방안 제시를 목표로 수행되었습니다. 이를 위해 쉼터나 보호소 같은 사회기관뿐만 아니라 인터넷 동아리 게시판과 여성 전용 온라인 게시판 등을 통해 다양한 유형의 피해자와 가해자를 모집하려고 노력했습니다. 총 47명과 인터뷰를 진행했고 이 중 15명이 쉼터 거주자, 나머지 32명은 쉼터 이용 경험이 없는 지역사회 표본이었습니다. 이 책은 이 분들의 살아 있는 이야기들을 담고 있습니다. 아무쪼록 이 책을 통해서 배우자 폭력의 다양한 유형에 대한 이해가 확장되고 피해자를 효율적으로 보호할 수 있는 사법제도 개편과 정책 지원 마련의 필요성이 전달되었으면 하는 바람입니다.

이 책을 완성하기까지 많은 분들의 지원과 도움을 받았습니다. 가장 먼저는 이 연구에 참여하기로 용감한 결정을 하시고 폭력이라는 고통스러운 경험에 대한 많은 이야기들을 장시간에 걸쳐서 나눠주신 연구 참여자 한 분 한 분께 깊은 감사를 드립니다. 사회기관 참여자들을 모집하는 데 마음 써주시고 큰 도움을 주신 여러 쉼터 담당자 선생님들께도 진심으로 감사드립니다. 참여자 모집부터 자료수집, 인터뷰 전사와 분석, 그리고 결과 정리까지 연구 전반에 걸쳐 헌신적으로 수고해 준 양경선 조교와 이향희 조교, 정말 수고 많았습니다! 그리고 바쁘신 중에도 연구팀 분석 미팅에 여러 차례 참석해서 훌륭한 자문을 제공해주신 유조안 교수님, 감사합니다. 김혜성, 박성은, 허청아 학생은 이 책의 원고를 마무리하는 데 필요한 자료 조사를 해주었습니다. 모두에게 고마운 마음을 전합니다. 끝으로, 원고 교정과 책 출판을 도와주신 장이지 선생님과 본 연구를 시작하고 책 출판에 이르기까지 아낌없는 지원을 해주신 아산사회복지재단에도 감사의 마음을 전합니다.

2020년 봄에 저자 드림

| 차 례 |

제 1 장

들어가는 말

제1장 들어가는 말

2018년을 기준으로 한국 내 거주하고 있는 외국인 수는 236만 명으로 이는 전체 인구의 약 22%이다(법무부, 2019). 국제결혼 또한 증가 추세에 있다. 통계청에 따르면 2018년 국제결혼 수는 2만 2천 698건으로 13년 만에 가장 큰 폭으로 증가했으며, 작년 국제결혼 10건 중 7건(73.2%)은 한국 남성과 외국인 여성의 혼인이었다. 이와 같은 추세에 따라 결혼이민여성들과 그들이 한국에서 새로 형성한 가족들이 어떻게 적응하고 있는지에 대한 연구들이 활발하게 수행되었다. 이 연구들에 의하면 결혼이민여성들은 한 가족의 일원으로 자리매김해 나가는 과정에서 언어의 장애, 문화적 차이(구차순, 2007), 남편과의 갈등(김오남, 2006), 시댁식구들과의 갈등(강유진, 1999) 등으로 다각적인 진통을 겪고 있다. 이민자 적응 연구 분야의 저명한 학자인 John W. Berry(2007)는 다양한 연구결과들을 통해서 이민자들이 새로운 언어와 문화를 접하면서 경험하게 되는 이와 같은 충돌과 어려움들은 자연스러운 현상이며, 시간이 지나면서 대부분의 이민자들은 새로운 환경에 곧 적응하게 됨을 밝혔다. 그러나, 적응 과정 중 가정폭력과 같은 파괴적인 경험이 일상적으로 반복된다면 이민자들의 사회·문화적응 및 신체적·정신적 건강은 상당한 피해를 입을 것이다.

2018년 국가인권위원회가 발표한 '결혼이주여성 체류실태' 자료에 따르면 결혼이주여성 920명 가운데 387명(42.1%)이 가정폭력 경험이 있는 것으로 나타났다(복수응답). 314명(81.1%)이 가정 내 심리·언어적 학대를 경험하였고, 263명(67.9%)이 성적 학대를 당한 것으로 나타났다. 그뿐 아니라 77명(19.9%)은 흉기로 위협당한 경험이 있다고 답했다. 배우자 폭력은 가족 내에서의 역할 수행뿐만 아니라, 넓게는 한국사회의 한 일원으로서의 역할 수행 측면에서도 국가적·사회적 기능과 직결되는 문제이기에 매우 심각하게 다루고 이해해야 할 사회적 과제이다. 아울러, 결혼이민여성과 혼인한 한국인 남편의 지나친 폭력이 결국 살인이라는 결과를 초래한 소수의 사례들이 방송매체를 통해 소개되면서 다문화가족 내 배우자 폭력의 심각성에 대한 사회적·학문적 관심이 더욱 높아지고 실제적인 대응 전략도 강력하게 요구되고 있는 현실이다. 이에 이 책은 다문화가족 내에서 발생하는 배우자 폭력의 유형을 알아보고 이에 대한 이론적 이해를 넓히는 것을 일차적인 목적으로 한다.

배우자 폭력을 조사한 기존의 국내외 연구들은 상대방을 강압적으로 통제하고 지배하려는 행위를 가해자가 사용하는 폭력의 주된 전략으로 보지 않는 경향이 있는데, 배우자 폭력 연구 분야의 일부 학자들(Johnson, 1995, 2006, 2008; Johnson & Leone, 2005; Stark, 2006)은 이러한 접근에 문제가 있음을 지적한다. 상대방을 전반적으로 통제하고 지배하고자 하는 의도로 사용하는 폭력과 언쟁 중 갈등을 해결하기 위한 방법의 하나로 사용되는 폭력적 행위는 본질적으로 다르다는 것이 이들 주장이다. 예컨대, 펜실베니아 주립대학의 Michael P. Johnson 교수는 전자를 "배우자테러"(intimate terrorism) 그리고 후자는 "상황적 부부폭력"(situational couple violence)이라고 명명하고 연구자들이 이 두

가지 유형의 폭력을 반드시 구분하여야 한다고 강조한다.

배우자테러는 그 빈도와 정도가 시간이 갈수록 증가하고, 주로 남편이 가해자인 경우가 대부분인데, 피해자인 부인에게 남편은 매우 두렵고 무서운 존재이다(Johnson, 1995, 2006, 2008; Johnson & Leone, 2005). 이는 일반적으로 우리가 배우자 폭력을 생각할 때 연상되는, 잔인하고 공포감을 유발하는 파괴적 폭력의 유형이라고 할 수 있다. 이런 폭력을 경험하는 부부의 경우, 남편의 눈빛이나 말투 혹은 몸짓 하나만으로도 그 통제 효과가 대단하여 꼭 물리적 폭력이 수반되지 않는다 해도 부인은 위협적인 수준의 두려움과 공포를 느끼고 남편에게 복종하게 된다. 배우자테러의 가해자들은 주로 부부관계 내에서 이러한 전반적인 통제와 지배력을 성취하기 위해서 물리적, 정신적, 경제적, 그리고 성적인 폭력을 동시에 사용하는 편이다. 다시 말해서 배우자테러는 상대방을 통제하고 지배하기 위해서 그리고 부부 관계에서 전적인 권력자로서의 자리매김을 명확히 하기 위한 수단적 폭력이다.

반면에, 상황적부부폭력은 가해자가 상대 배우자를 통제하거나 지배하려는 욕구나 의지가 폭력의 주된 동기 요인으로 작용하고 있지 않다는 점에서 배우자테러와는 근본적으로 다른 유형의 폭력이다(Johnson, 1995, 2006, 2008; Johnson & Leone, 2005). 남성과 여성 모두가 가해자일 수 있으며 상대적으로 폭력의 정도가 배우자테러에 비해서 덜 심각하다. 이 같은 폭력은 심한 말다툼이나 갈등이 그 자리에서 확대되어 감정의 폭발이나 분노 조절 부족으로 발생되는 폭력으로 이해할 수 있다. 이러한 유형의 폭력을 경험하는 부부들의 권력 역동을 살펴보면 대체로 남편과 부인이 권력 면에서 서로 동등하거나 상황과 영역에 따라 다른 수준의 권력을 서로 소유하고 있다. 그렇기 때문에, 당면한 갈등 상황 속에서 누가 먼저 상대방을 제압하는가와 상호적인 적대감이 상황적부부폭력의 핵심으로 자리잡고 있다. 배우자테러와 달리 상황적부부폭력의 경우 피해자가 가해자에게 근본적인 공포감이나 두려움을 느끼지는 않는다. 또한, 시간이 지난다고 해서 배우자테러처럼 그 빈도나 정도가 심해지지 않는다.

Johnson(1995, 2006, 2008; Johnson & Leone, 2005)은 앞에서 언급한 두 가지 유형의 폭력을 연구자가 정확하게 분별하지 않는다면, 본질적으로 전혀 다른 두 현상을 마치 동일한 현상인 것처럼 측정하고 그 결과를 해석하는 치명적인 오류를 범할 것이라고 지적한다. 그의 이러한 주장은 세 가지 다른 표집 방법을 사용하여 행해진 기존의 연구 결과들을 중심으로 뒷받침될 수 있다. 여성보호시설이나 쉼터 같은 사회기관을 통해서 배우자 폭력 피해자들을 표본으로 조사한 연구들, 배우자 폭력 때문에 접근금지령이나 이혼을 신청한 법원 표본을 중심으로 한 연구들, 그리고 지역사회 거주자들을 대상으로 수행된 일반적인 설문조사에서 수집된 배우자 폭력 자료를 각각 재분석한 결과, 보호시설 표본의 66%, 법원 표본의 46%, 그리고 설문조사 표본 중 배우자 폭력 피해자들의 11%가 배우자테러의 피해자들인 것으로 나타났다(Johnson, 1995). 또한, 설문조사에서는 피해자의 86%가 상황적 폭력의 피해자로 분류된 반면에 보호시설 표본의 경우 28%만이 상황적 폭력의 피해자로 밝혀졌으며 과반수를 훨씬 넘는 62%가 배우자테러를 경험한 것으로 나타났다. 이러한 결과는 곧, 설문조사 표본의 경우 배우자테러 피해자 및 상황적부부폭력의 피해자들이 표본 내에 불균형하게 섞여 있을 수 있지만 상황적부부폭력의 피해자들이 표본의 주를 이루고 있을 가능성을 제시한다. 즉, 앞에서 언급한 국가인권위원회의 조사(2018)에서 보고된 42.1%의 다문화가족 내 폭력 발생률은 한국 사회 국제결혼 가정들의 몇 퍼센트가 어떤 유형의 폭력을 경험하고 있는지의 추정치가 될 수 없음을 말한다. 또한, 다문화가족 내 높은 폭력률이 우리가 소위 가정폭력이라고 일컫는 유형의 폭력, 즉 배우자테러로 인함인지, 아니면 그것과는 본질적으로 다른 유형인 상황적부부폭력인지 알 수 없다. 따라서, 이 책은 가정폭력 관련 사회기관과 지역사회를 통하여 각각 두 종류의 표본을 표집하고, 이들이 경험한 배우자 폭력의 유형을 파악한 후, 각 유형별 특성을 알아보고, 이에 근거해서 유형별 중재 프로그램 개발에 대한 의견을 제시하였다.

Johnson이 이론화한 폭력 유형의 분류 체계(typology of intimate partner violence)는 지난 십여 년간 미국 및 그 외 서구 지역의 가정폭력 연구 분야에서 학문적 가치를 인정받고 널리 적용되어 왔으나(e.g., Graham-Kevan & Archer, 2003; Leone, Johnson, & Cohan, 2007; Rosen, Stith, Few, Daly & Tritt, 2005; Ross & Babcock, 2009) 한국을 비롯한 아시아 문화권에서의 가정폭력을 이해하고 설명하기에 Johnson의 이론이 타당한지, 또 문화적으로 적합하고 유효한지의 여부는 아직 알려진 바 없다. 이에 이 책은 Johnson의 분류 체계에 근거하여 여러 가지 통제 방법들과 폭력을 사용하는 동기 및 발생 과정을 한국 다문화가족 내에서 구체적으로 살펴보고, 이를 통하여 Johnson이 제시한 분류 체계의 타당성과 유효성을 한국사회 다문화가족에서 발생하는 배우자 폭력의 맥락에서 알아보았다. 이로써 다문화가족에서 일어나는 배우자 폭력을 이해하는 데 더 적합하고 민감한 새로운 이론을 제시하고, 한국사회의 배우자 폭력에 관한 근본적인 이해를 높이는 데 기여하기를 기대하였다.

끝으로, 기존의 다문화가족 연구의 또 다른 한계는 체계적 연구를 위한 비교집단이 부재하다는 점과 수행되어 온 관련 연구들이 대부분 기술적인 수준에 그쳤다는 점이다(곽금주, 2008; 문혁준 외, 2009). 이에 이 책에서는 한국인 부인과 한국인 남편으로 구성된 한국가족을 비교집단으로 활용하여 국내 다문화가족 내에서의 배우자 폭력을 좀 더 체계적이면서 포괄적으로 비교함으로써 국내 다문화가족의 배우자 폭력의 문제와 차이점을 좀 더 명확하게 규명하고자 하였다. 또한 국내의 배우자 폭력 연구가 피해자 여성의 시각을 중심으로 이루어져 온 만큼, 가해자 남성의 경험에 관한 지식이 미비한 현실이다. 따라서, 여성뿐만 아니라, 남성도 더불어 조사하여 배우자 폭력에 대한 다각적인 이해를 도모하고자 하였다.

본 연구의 구체적인 목적은 다음과 같다.

- Johnson의 배우자폭력 유형 분류 체계에 근거하여 다문화가족 및 한국가족 내 유형별 폭력의 특성과 피해자에게 미치는 영향을 알아보고, 다문화가족에서 발생하는 폭력의 특수성을 살펴본다.
- 상황적부부폭력을 성별 및 결혼 유형별로 실시한다.
- Johnson이 제시한 분류 체계의 문화적 타당성과 적합성을 한국사회 다문화가족과 한국가족들을 통하여 살펴보고, 이 결과들을 토대로 하여 한국사회에 적합한 개념적 모형을 제시한다.
- 최종 연구 결과를 토대로 배우자 폭력 중재프로그램 개발을 위한 의견을 제시한다.

제 2 장

이론적 배경 및 선행연구 고찰

제2장 이론적 배경 및 선행연구 고찰

1. 배우자 폭력 이론

배우자 폭력을 설명하는 핵심적인 이론의 틀은 크게 페미니즘 관점(feminist perspective)과 가정 폭력 관점(family violence perspective)이라고 볼 수 있다(Kurz, 1989). 페미니즘 관점은 배우자 폭력의 핵심이 사회적으로 불평등하게 구조화된 남성과 여성의 관계에서 기인한다고 가정하며, 이를 제대로 고려하지 않을 경우 가정 내에서 발생하는 폭력의 역동을 제대로 이해하지 못할 우려가 있다고 주장한다(Kurz, 1989). 이러한 관점을 뒷받침하는 첫 번째 근거는 관련 사건에 대한 다양한 통계 수치로, 배우자 폭력 사건을 통계적으로 분석했을 때 피해자의 90% 이상이 여성이라는 점(Browne, 1987; Dobash & Dobash, 1979), 남편에 의해 사망하는 여성의 비율은 아내에 의해 사망하는 남성의 비율의 2배에 이른다는 점(Catalano et al., 2009), 그리고 비록 쌍방 폭행이라고 할지라도 여성이 당하는 부상의 크기가 남성의 3배에 이른다는 점 등을 들 수 있다(McLeer, Anwar, Herman, & Maquiling, 1989). 두 번째 근거로는 남성 부양자—여성 양육자라는 가부장적 가치관 아래 여성이 남성에게 경제적으로 종속될 수밖에 없었던 사회적 배경과 가정 내에서 남성이 여성을 통제하는 것이 암묵적으로 허용되었던 제도적 현실을 들 수 있다(Kurz, 1989). 실제 미국에서는 오랜 기간 "curtain rule"이라고 불리는, 가정 내에서 남편의 폭력을 법적으로 처벌하지 않는 관습이 이어져 오기도 했다(Kurz, 1989; Walus-Wigle & Meloy, 1988). 이에 페미니즘 관점을 가지고 행해진 배우자 폭력 연구들(e.g., Dobash & Dobash, 1979; Martin, 1981; Walker, 1984)은 남성이 여성에게 행사한 폭력을 중심으로 가부장적인 가족 체제와 사회·문화적으로 정의된 남성성과 여성성이 어떻게 여성들에게 억압적이고 그들로 하여금 남편의 폭력에서 벗어나지 못하게 만드는 요인들로 작용하는지에 초점을 맞추어 왔다.

가정폭력 관점 중심의 연구들(e.g., Gelles, 1993; Straus, 1973)은 이와 같은 요인들이 배우자 폭력에 미치는 영향력을 인정하지만 보다 더 핵심적인 요인은 스트레스와 가족의 맥락에서 갈등 해결을 위한 폭력 사용을 수긍하는 정도에 있다고 설명한다. 좀 더 상세히 살펴보면, 가정폭력 관점에서의 배우자 폭력은 보다 광범위한 사회규범적 폭력, 그리고 현대 가족의 구조적 문제에서 기인한다고 가정한다(Kurz, 1989). 가정폭력 관점의 연구자들은 현대의 가족이 열악한 노동 환경과 실업 문제, 재정 불안, 건강 문제 등으로 심각한 스트레스를 경험하고, 이러한 환경적 요인으로 가족 구성원이 서로에게 폭력을 행사하게 된다고 주장한다(Straus et al., 1980; Gelles & Straus, 1988). 이들은 배우자 폭력이 부모–자녀 간 폭력 혹은 형제 간 폭력과 동일하게 광의적 차원에서 가족 폭력의 한 종류이며, 따라서 여성과 남성의 관계적 측면보다 가족이라는 하나의 집단을 중심에 두어야 함을 강조한다(Gelles, 1985; Straus et al., 1980). 또한 대중매체 등에서 보여지는 폭력에 대한 허용적 시선, 그리고 오랜 기간 방치되어온 부모의 학대 문제 등은 자녀에게 가정 폭력이 정상적인 것으로 인식될 수 있으며, 따라서 배우자 폭력을 포함한 가족 폭력 문제를 해결하기 위해서는 폭력이 미화되거나 정당화되는 사회적 분위기를 해결할 필요가 있다고 제안한다(Gelles & Straus, 1988; Straus, 1980; Straus et al., 1980).

2. Johnson의 배우자 폭력 유형 분류 체계

페미니즘 관점과 가정폭력 관점은 지난 수십 년간 배우자 폭력을 다르게 접근하면서 서로 다른 그림을 그리고, 다른 이야기를 발표하면서 대립해 왔다. Johnson은 1995년에 발표된 그의 논문에서 처음으로 이와 같은 대립에 대한 학술적 견해를 나타냈다. 그는 두 관점이 그동안 각각 다른 유형의 배우자 폭력을 논하고 있었다고 지적하면서 후속 연구들은 배우자 폭력의 각각 다른 유형의 본질 및 특성을 명확히 하고 이를 심도 있게 다뤄야 이 분야의 발전에 기여할 것이라고 주장했다. 그렇게 해서 탄생한 것이 Johnson의 배우자 폭력 유형 분류 체계이다. 1995년 이후(2006, 2008) Johnson은 그의 유형 분류 체계를 강화시켰다. Johnson의 배우자 폭력 유형 분류 체계는 총 4개의 유형으로 구성되어 있는데, 이 책에서는 연구 참여자들의 배우자 폭력 경험을 Johnson의 유형 체계 중 가장 핵심적이고 관심을 받아온 배우자테러폭력(intimate terrorism violence)과 상황적부부폭력(situational couple violence)으로 구분하여 그 맥락과 특성 및 영향을 살펴보았다.

먼저, 배우자테러적폭력은 상대방을 전반적으로 통제하려는 행위가 일시적이거나 상황적인 것이 아닌, 지속적이고 꾸준한 패턴으로 나타나는 부부관계의 맥락에서 발생하는 폭력이다. 즉, 배우자테러폭력은 페미니즘 관점이 배우자 폭력의 가장 강력한 범인으로 제시하는 가부장제도의 연장선에서 남편이 부인을 통제·조종하고 군림하며 소유하려는 욕구와 밀접한 관계가 있다. Johnson은 통제의 세 가지 요소를 2008년도에 출간된 그의 책에서 명시하였는데 이는 두려움(terror), 구속(entrapment), 그리고 노예화(enslavement)이다. 또한, 남성 주도적이고 중심적인 부부의 권력구조가 배우자테러적 폭력의 밑바탕에 깔려 있다. 이러한 부부 체계에서 남성은 마음대로 결정권 및 경제권을 독점하고 행사한다. 물리적 폭력 역시 통제의 수단으로 의도적으로 사용되기도 하나 그러한 의도적 사용이 아니더라도 폭력의 여파는 결과적으로 통제로 이어진다.

반면에, 상황적부부폭력은 배우자테러폭력과는 달리 배우자 통제 의도나 그러한 행동 패턴이 없고, 갈등을 초래하는 여러 가지 스트레스 요인들 및 문제적 의사소통 등으로 발생하는 폭력을 말한다. Johnson의 연구(2008)에 따르면, 수입, 자녀, 가사 분담, 술, 비효율적인 의사소통 습관 등이 상황적부부폭력과 매우 밀접한 관련이 있다. 즉, 수입 등으로 인한 갈등 상황의 맥락에서 서로 언어 공격을 하는 등 비효율적인 의사소통이 서로를 화나게 하고, 분노가 폭발하여 폭력으로 이어진다는 것이다. 상황적부부폭력의 남성과 폭력적이지 않은 남성을 비교했을 때 이 두 집단이 성격이나 기질에서 차이가 없었다는 Johnson의 연구 결과는 상황적부부폭력을 갈등 상황의 확대로 이해할 수 있는 근거를 제시한다. 또한 상황적부부폭력은 남성 주도적인 부부 권력 구조보다는 남녀 평등적이거나 서로 권력 쟁취를 놓고 상황에 따라서 경쟁하는 유연한 권력 구조 안에서 일어나는 폭력으로 이해할 수 있다.

본 연구에서는 배우자 폭력을 크게 배우자테러와 상황적부부폭력으로 구분하고 각 유형의 특성을 결혼 유형별로 살펴봄으로써 한국 사회에 적합한 배우자 폭력의 개념적 모델을 제시하고자 한다. 특히, 연구 참여자들의 국제이주결혼의 배경 및 맥락을 조사함으로써 다문화가족에서 발생하는 배우자 폭력의 특수성을 조명해 볼 것이다.

3. 결혼이민의 배경

역사적으로 단일민족 사회였던 한국의 민족 구성이 지난 20년 사이에 변화가 일어났다. 1980년대 후반부터 동양의 다른 나라 출신의 젊은 여성들이 국제적 중매결혼 형식으로 한국 남성들과 혼인하여 외국인 신부의 신분으로 입국하는 케이스가 늘어나기 시작했다. 결과적으로, 1990년도에 불과 619건에 지나지 않았던 국제결혼 건수가 2008년도에는 전체 결혼 건수의 11%인 3만6천2백건이 됐다(통계청, 2018). 2018년에는 22,698가구가 국제결혼을 한 가정이었고 이 중 73.2%(16,608건)는 한국 남성과 외국에서 온 결혼이민여성 간의 결혼으로 이루어졌다.

결혼이민 현상이 본격적으로 나타나기 시작한 것은 1990년대에 들어서이다. 이 현상의 발생과 증가는 세계화와 국내 상황과 밀접하게 연관되어 있다. 최연실(2008)과 Seol(2006) 등은 국제화의 맥락에서 한국의 빠른 경제 성장이 경제적으로 낙후된 다른 동양 국가의 여성들을 끌어들이는 역할을 한다고 분석한다. 출신 본국의 열악한 경제 상황 속에서 이 여성들이 자신의 가족을 재정적으로 지원하고 또한 스스로에게 보다 좋은 경제적 기회를 찾게 되면서 한국 남성과의 결혼은 이들이 한국으로 입국할 수 있는 아주 유용한 통로를 제공한 것이다(최연실, 2008). 국내적으로는 농촌 지역의 심한 성비 차이로 말미암아 한국 농촌 남성들이 결혼 대상을 구하는 것이 현실적으로 어려워졌다는 점이 결혼이민 현상과 관련이 있다(최연실, 2008; Seol, 2006). 미혼 여성들이 농촌 생활보다는 도시의 삶을 더 선호하고, 결혼을 전통적 의무의 수행으로 인식하기보다는 경제적 관점으로 접근함으로 도시의 미혼 여성들이 농촌 남성들을 자신들의 적합한 결혼 상대자로 고려하지 않기 때문이다. 이러한 사회・국제적 맥락에서 한국으로 오기 원하는 중국, 베트남, 필리핀 출신의 젊은 여성들이 한국의 농어촌 남성들에게 매력적인 결혼 상대 대안이 되어 왔다. 최근에는 농촌 남성들뿐만 아니라 경제적으로 불리하거나 결혼 적령기를 훨씬 넘긴 도시의 하류층 남성들도 국내 결혼 시장에서 결혼 상대자를 찾기 어려워 국제결혼을 통해서 가족을 이루는 경우가 늘어나고 있다(최연실, 2008; Seol, 2006).

결혼이민을 통해 형성된 다문화가족 수가 증가하면서 그들이 어떻게 지내고 있는지에 대한 학문적 관심도 점점 커졌다. 이 분야의 연구는 주로 이 가정들이 겪고 있는 문화적 차이(구차순, 2007), 부부 갈등(김오남, 2006), 시댁과의 갈등(강유진, 1999) 같은 어려움이나 문제점에 초점을 맞추어서 이루어졌다. 또한, 장명선・이옥경 (2009)의 연구에 따르면 서울에 거주하고 있는 20%의 결혼이민여성들이 이혼을 생각해 본 적이 있지만 자녀나 경제적 자원 부족을 이유로 이혼하지 않았고, 21%가 한국인 남편으로부터 통제나 물리적 폭력을 경험했다고 보고했다.

이러한 문제점들의 배경에는 결혼이민의 경로와 그 과정 속에서 형성되는 불균형한 권력 구조가 자리잡고 있을 수 있음을 고려해 보아야 한다. 결혼이민은 유학이나 취업, 가족이나 친지의 소개, 결혼중개업체, 종교 단체 등의 다양한 경로로 이루어지고 있는데, 2017년 국제결혼중개업 실태조사에 의하면 국제결혼중개업체를 통해서 혼인한 결혼이민여성들의 배우자에 대한 만족도와(79.8<88.8) 생활만족도(73.4<85.6) 모두 다른 결혼이민자에 비해 다소 낮은 것으로 나타났다. 또한, 임인숙 · 강충구 · 전병희(2010)는 국제결혼 중개업체를 통해 결혼한 여성들이 다른 경로로 혼인한 결혼이민여성들보다 더 남편 주도적이고 억압적인 부부관계를 경험하고 있다고 보고하였다. 그렇다면, 국제결혼 중개업체를 통해 이루어진 국제결혼의 특성은 무엇인가?

국제결혼 중개업체들은 인터넷 공간에 헌신적이고 순종적이고 순결한 외국인 여성을 부인으로 맞이하는 것을 국제결혼의 장점으로 적극적인 홍보를 펼친다. 이들과 결혼하기 위해 한국 남성들이 중개업체에게 중개비를 지불하기 때문에 여성을 자신이 구입한 상품으로 간주할 수 있다. 즉, 자신이 구매하였기 때문에 자신 마음대로 여성을 학대하거나 통제하는 것을 정당화시킬 수 있다. 결혼 중개업체를 통한 국제결혼은 이런 매매혼 성격을 띠므로써 처음부터 남성이 더 많은 권력을 장악한 상태로 결혼 생활이 시작되기가 쉽다(김현미, 2006). 또한, 이들이 주선하는 단체 맞선은 짧게는 3박 4일, 길게는 일주일이라는 기간 안에 남성들이 배우자를 선택하고 혼인하는 구조로 이루어지고 있어, 서로에 대한 신뢰를 쌓고 알아가는 과정은 결혼 후에야 시작됨을 알 수 있다. 서로에 대한 신뢰 부족은 이들이 서로를 평생의 반려자로 여기며 문화 차이로 인한 오해나 어려움 등에도 불구하고 부부관계의 질을 차곡차곡 높여 가는 데 걸림돌이 될 수 있다. 뿐만 아니라 Seol(2006)에 의하면 국제결혼 중개업체를 통해서 혼인한 이주여성의 56.3%가 결혼 전 업체로부터 받았던 남편에 대한 정보의 반이 거짓이었다고 보고했다. 국제결혼 시장에 발을 들이는 한국 남성의 대다수가 농촌 남성이거나 자원이 부족한 도시의 남성들임을 고려했을 때 상당수의 이주여성들이 이와 같은 상황에 대해서 알지 못하거나, 남편의 건강 상태, 자녀 유무, 결혼 경력, 직업, 소득 등에 대해 거짓 정보를 가지고 이들과 결혼했을 경우 예상하지 못했던 경제적 어려움으로 남편과 갈등을 겪게 된다(이은주, 2007).

4. 다문화가족 내 배우자 폭력

앞에서 언급한 불균형한 부부 권력 구조를 생성하는 국제결혼의 요인들과, 여성들이 결혼이민을 결정하게 되는 본국에서의 열악한 위치, 그리고 언어도 잘 통하지 않는 배우자를 만나 낯선 가족관계와 다른 문화권 속으로 들어오게 되는 상황 자체가 결혼이민여성들이 경험하는 배우자 폭력의 중요한 구조적 배경을 제공한다. 물론, 국제결혼을 감행하는 모든 한국 남성들이 자신의 배우자를 학대하고 폭행하는 것은 아니다. 다만, 다문화가족에서 발생하는 배우자 폭력을 이해하기 위해서는 폭력이나 통제 행위가 일어나는 미시적 상황에만 초점을 맞추는 것은 한계가 있다(변화순, 이미정, 김혜영, 황정미, 이선형, 2008). 본 연구에서는 보다 거시적 관점에서의 결혼 배경과 과정, 그리고 이를 통해 형성된 부부의 권력 구조를 미시적으로 살펴봄으로써 이들 결혼에서 발생하는 폭력적 상황이 어떻게 구조화되어 있는지 조명해 보고자 한다.

선행 연구들을 살펴보면 결혼이민여성이 부부관계나 가족관계 속에서 경험한 갈등의 배경과 폭력 피해 실태를 폭력의 종류와 폭력의 원인으로 구분하여 이를 각각 기술적으로 서술하는 정도로 그치고 있다. 결혼이민여성이 경험하는 폭력의 종류를 살펴보면, 정서적 폭력은 가장 빈번하게 경험하는 폭력의 형태로, 폭언과 무시, 그리고 무책임과 무관심으로 인한 방치 역시 이에 해당한다(장온정, 박정윤, 2010; 황해영, 김영순, 이춘양, 2018). 또한 이러한 무형의 폭력은 경제적 폭력으로 이어져 결혼이민여성의 노동력을 착취하고, 이로 인해 여성들이 느끼는 모멸감과 소외감, 고립감은 증폭된다고 나타난다(장온정, 박정윤, 2010; 황해영, 김영순, 이춘양, 2018). 신체적인 공격을 의미하는 물리적 폭력의 경우, 속성으로 이루어지는 한국 결혼 이민 과정의 비정상성 때문에 증폭된다는 분석이 지배적이다(장진숙, 2010; 황해영, 김영순, 이춘양, 2018). 성적 폭력은 육체적・정신적 고통을 동시에 유발하는 폭력으로, 결혼이민여성이 가장 큰 수치와 어려움을 호소하는 폭력 형태의 하나로 지적된다(장온정, 박정윤, 2010). 성적 폭력의 경우, 결혼이민여성이 어린 나이에 모국을 떠나 성에 대한 올바른 인식과 태도를 습득할 기회를 얻지 못하기 때문에 남편의 성적 강요에 적절하게 대응할 방법을 알지 못한다는 점에서 근본적인 문제 해결이 매우 어렵고, 따라서 그 심각성이 크다고 할 수 있다(장온정, 박정윤, 2010). 이 외에도 문화적 차이로 인한 차별과 편견으로 직장 및 시댁 식구들과의 관계에서 대등한 관계를 인정받지 못하고 무시당하는 등의 부정적인 경험을 겪는 것으로 나타난다(김혜림, 김재남, 2017; 장진숙, 2010).

폭력을 유발하는 원인으로는 크게 개인적 요인과 문화적 요인, 사회경제적 요인으로 분류될 수 있는데, 첫 번째로 개인적 요인을 살펴보면, 가해자인 남편이 가부장적 가치관을 지니고 있거나, 알코올 중독, 우울증, 애착 문제 및 학대 경험이 있을 경우 아내에게 폭력을 행사할 가능성이 크다(김득성, 김정옥, 송정아, 2000; 오세연, 신인봉, 2012; 장온정, 박정윤, 2010; 정현미, 2010). 둘째로 남편이 아내와의 문화 및 언어적 차이로 발생하는 문제에 대해 전혀 배려하지 않고, 아내의 본국 교류 및 방문을 차단하는 등 일방적으로 한국 문화에 동화되도록 강요할 때 폭력이 발생하기 쉽다(김지영, 최훈석, 2011; 장온정, 박정윤, 2010; 정현미, 2010). 마지막으로 사회·경제적 상황을 들 수 있는데, 우리나라에서 국제결혼을 선택하는 남성의 대다수는 한국 내에서의 사회계층적 입지가 미약한 경우가 많다(정도희, 2010). 경제적 어려움은 가족의 갈등을 유발하는 직접적인 요인인 동시에, 본국에서의 경제적 어려움을 탈피하고자 한국 남성과의 결혼을 선택한 여성들에게 심한 박탈감을 제공하고, 이로 인한 부부의 기대 격차는 폭력과 같은 감정의 폭발로 이어지게 된다(정도희, 2010; 정현미, 2010; 신은식, 2012). 또한 한국 국적 취득 과정의 어려움과 결혼이민여성이 신분의 불안정을 겪게 되는 제도적 상황 역시 이들에 대한 폭력을 유발하는 요인으로 지적할 수 있다(고기숙, 정미경, 2012; 김혜림, 김재남, 2017).

이처럼 다문화 가족 내에서의 배우자 폭력에 있어 결혼의 경로와 배경 및 부부의 권력 구조 양상 등이 배우자의 통제 및 폭력적인 행동과 구체적으로 어떻게 맞물려 있는지에 대한 이해가 부족한 실정이다. 또한, 앞서 Johnson의 연구들이 보여주는 것처럼 배우자 폭력 유형에 따라서 그 본질적인 특성들이 다르게 나타날 수 있고 발생하는 맥락이 다름에도 불구하고 이 부분은 국내의 배우자 폭력 연구 분야에서 아직까지 논의되어지지 않았다. 이 책에서는 Johnson 의 유형 체계를 사용하여 다문화가족 내에서의 배우자 폭력 사례를 한국 가정의 사례와 함께 조사하고 비교함으로써 결혼이민여성들이 경험하는 배우자 폭력의 특수성을 알아보고자 하였다. 더불어, 서구의 배우자 폭력 연구 분야에서 이미 설득력 있는 이론적 틀로 자리매김하고 있는 Johnson의 배우자 폭력 유형 체계를 한국 상황에 적용함으로써 이에 대한 논의를 국내에서 시작한다는 것에 또 다른 의의가 있다.

5. 국내 배우자폭력 가해자의 특성 및 원인

2018년 한국가정법률상담소에서 전국 법원 등지에서 상담위탁을 받은 324명의 가정폭력 행위자들의 인구통계학적 특성을 살펴본 결과, 가정폭력 행위자의 79%가 남성인 것으로 나타났으며, 가정폭력 사건 중 80.6%가 부부 관계에서 발생한 폭력이었다. 가해자의 연령대는 50대가 가장 높았고(29.6%), 다음으로 40대(27.8%)와 30대(24.4%) 순이었다. 국내 연구들을 기반으로 살펴본 국내 배우자폭력 가해자의 특성들은 다음과 같다.

첫째, 배우자폭력 가해자들은 남성우월의식이나 전통적인 가부장의식을 가지고 있는 것으로 나타났다(오세연, 2011; 윤경자, 2000). 남자는 가장으로써 돈을 벌어 가족을 부양하고, 여자는 육아와 가사를 담당하며 남자의 말에 절대 복종해야 하는 가부장적 사고관을 가지고 있는 경우 아내와 자식을 내 마음대로 할 수 있다는 소유 의식을 가지는 경향이 있었다. 이들은 집안에서 남편의 의견이 가장 중요하며, 남편의 생각이나 행동이 잘못되었다 할지라도 부인은 반박할 수 없고 오로지 수용해야 한다는 생각을 가지고 있었다. 그러나 만일 부인이 남편이 가진 가부장적 사고관에서 벗어나는 행동을 한다면 그에 대한 분노를 폭력으로 표출하게 되는 것이다. 또한 이들은 평등한 인격적 관계가 아닌 상하, 주종관계로 보고 있어 구타와 학대를 합리화하는 것으로 나타났다(오세연, 2011).

둘째, 배우자폭력 가해자들은 원가족으로부터 영향을 받아 폭력이 전이된 특성을 가지고 있다(고기숙 · 이금옥, 2010; 윤경자, 2000; 이명옥 · 하정희 · 박정민, 2008). 이들은 권위적인 아버지와 그에 전적으로 순종하고 순응하는 어머니 아래에서 성장하여 부모 간 폭력 사용을 자주

목격하고, 어머니가 참고 지내는 것을 관찰한 경우가 많았다. 혹은, 편부・편모 가정에서 잘못된 행동을 하더라도 야단을 맞지 않고 방치된 경우가 많았다. 이렇게 성장한 개인은 보고 자란 것을 자신도 모르게 자신의 배우자에게 폭력을 행하는 것으로 나타났다(고기숙・이금옥, 2010).

셋째, 배우자폭력 가해자들은 상습적으로 술을 마시는 것으로 나타났다. 선행연구 결과에 따르면 음주는 가정 내 갈등 상황을 조장하거나 상승 작용을 하는 데 일조한다(김경신, 김정란, 2002; 윤경자, 2000). 가해자들은 술을 마시고 나면 정신이 나가거나, 무엇 때문인지 화가 나서 아내를 비난할 구실을 찾아 구타 상황을 만들었으며, 때로는 아내를 구타할 상황을 만들기 위해 일부러 술을 마시기도 한다고 나타났다.

넷째, 배우자폭력 가해자들은 낮은 자아존중감을 가지는 경향이 있었다. 자아존중감이 낮은 사람은 스스로 능력이 없다고 느끼기 때문에 여러 상황에 위협을 더 많이 느낀다. 따라서 이들은 자신의 주장을 획득하기 위한 수단으로 폭력을 사용한다(김경신, 김정란, 2002). 따라서 만일 가해자가 가장 역할을 하지 못하는 것에 대해 배우자가 잔소리하거나 무시하는 발언을 한다면 자신의 능력을 입증하기 위해 폭력을 행사하는 것으로 나타났다.

이 외에도, 배우자폭력 가해자들은 내성적이고 고지식하며 융통성이 부족하여 부부간 의사소통에 장애가 되는 성격적 특성을 가지고 있었다. 이들은 자신의 정서를 표현하는 데 어려움을 겪고 있어, 스트레스 상황에서 적절하게 정서 표현을 하지 못하고 혼자 삭히거나 참다가 더 이상 참지 못할 때 한꺼번에 분노감을 표출하는 방식으로 정서 표현을 하는 것으로 나타났다. 또한 이들은 충동적인 성격을 가지고 있어, 문제 상황에서 합리적인 해결 방법을 모색하기보다 충동적으로 급하게 행동하며 욱하는 특성을 가지고 있었다(이명옥, 하정희, 박정민, 2008).

앞에 언급된 가해자들의 특징들을 포함하여 장희숙과 김예성(2004)은 Holtzworth-Munroe와 Stuart가 제안한 세 가지 하위 유형에 기반하여 한국의 배우자폭력 가해자들을 분류하였다. 먼저 첫 번째 집단은 아내에게만 폭력을 행사하고, 신체적 및 심리적 폭력 수준이 가장 낮았다. 이들은 아동기 학대 경험이 적으며, 알코올에 덜 의존하고, 우울과 질투 수준도 낮은 유형이다. 반면, 통제력과 자존감은 높은 편이고, 비교적 양호한 사회 기술과 성평등적 태도를 가지고 있으며, 부부관계 만족도 또한 높게 나타났다.

두 번째 집단은 중간 수준의 폭력성을 가지며 이를 아내에게만 분출하는 유형이다. 이 유형은 심리적으로 불안정하고 세 유형 중 의존성, 경계선성, 회피성, 수동공격성이 가장 높다. 또한 이들은 첫 번째 유형 가해자들과 비슷한 수준으로 알코올에 의존하고 있었으며, 세 번째 집단과 유사한 수준의 질투심, 자아존중감을 가지고 있었다. 이들은 평소 부부관계에서 불만족을 많이 표출하나 주장 기술이 부족한 것으로 나타났다.

마지막으로 세 번째 유형은 아내뿐 아니라 일반적인 상황에서도 폭력을 행사한다. 이 유형은 세 유형 중 가장 신체적, 심리적 폭력 정도가 가장 높고 반사회적인 집단이다. 또한, 이들은 세 유형 중 아동기 학대 경험이 가장 많고, 가장 보수적인 성역할 태도를 가지며, 알코올 남용이 심하고, 통제력과 자아존중감이 낮았다. 여성의 성역할에 대해 보수적이면서 폭력 사용 허용도가 매우 높았다. 보호처분을 받은 많은 한국의 가정폭력 가해자들은 유형 2와 3에 속하는 것으로 나타났는데 이들은 모두 가부장적 성역할 태도와 아내 폭력에 대한 높은 허용도를 가지는 공통점을 지니고 있었다.

제 3 장

연구 방법

제3장 연구 방법

1. 연구 참여자 모집

앞서 언급한 바와 같이 기존의 배우자 폭력 연구는 주로 비슷한 출처를 통해서 모집된 표본에 근거하여 행해져 왔다. 예를 들어, 여성 쉼터나 법원 등 사회기관에서만 모집하거나, 국가 차원의 전수조사와 같은 대규모 가구설문조사나 일반 설문조사와 같이 지역사회 표본만 사용하여 배우자 폭력을 조사하였다. 표본의 특성에 따라서 나타나는 배우자 폭력의 유형이 다르다는 Johnson이 제시한 증거는 배우자 폭력에 대한 보다 포괄적인 이해를 위해서 다양한 출처를 통해 표본을 표집하는 것이 중요함을 보여준다. 이러한 기존 연구의 한계점을 보완하기 위하여 본 연구의 참여자 모집은 지역사회(예: 설문조사 표본, 인터넷 모집)뿐만 아니라 사회기관들(예: 쉼터, 외국인지원센터, 법률상담소)에서도 이루어졌다. 참여자 모집은 본 연구의 자료수집 절차 및 연구 내용이 서울대학교 생명윤리위원회의 심사를 통과하고 승인을 받은 후 진행되었다.

1) 지역사회 표본

한국 가정의 기혼 남성과 여성 참여자를 모집하기 위해 인터넷 사이트(예: 전자제품 동호회, 여성 전용 게시판)에 본 연구에 대한 소개와 참여자 모집 글을 게시하였다. 배우자 폭력 경험이 있고 인터뷰 참여를 희망하는 남성과 여성들이 연구 보조원에게 쪽지로 자신들의 연락처를 남겼고, 연구 보조원이 그들과의 연락을 시도하여 연구책임자와의 개별 전화 인터뷰 스케줄을 잡았다. 현재 배우자와 함께 살고 있는 참여자들의 상대 배우자 모집을 시도하였으나 참여자들이 곤란해 하여 성사되지 않았다. 총 8명의 한국 여성과 7명의 한국 남성에게 전화 인터뷰를 진행하였다. 표본별 인터뷰 내용은 부록 1에 제시하였다.

다문화가족의 경우, 서울, 경기, 인천 지역에 거주하고 있는 230명의 결혼이민여성을 대상으로 실시한 예비설문조사에서 자신의 이메일 주소나 전화번호를 기입한 총 100명의 여성 중 배우자로부터 물리적인 폭력(예: 기물을 파손하거나 상대방에게 물건을 던지거나 때림)을 경험한 적이 있다고 응답한 22명의 여성들에게 이메일 및 전화로 연락하여 본 연구의 참여 의사를 물었다. 참여를 희망하는 여성들과의 전화 통화에서 인터뷰 내용을 녹음하는 것에 동의한 7명의 여성들과 전화 인터뷰를 실시하였다. 이들과 결혼한 한국 남성들을 표집하기 위해서 인터뷰에 응한 결혼이민여성들에게 그들의 한국인 남편도 인터뷰 참여에 관심이 있는지 물어보고, 그중 참여를 희망한 4명의 한국 남성들을 전화로 인터뷰하였다. 이 외에도 폭력을 경험한 적이 있지만 이주여성 쉼터 이용 경험은 없고 외국인지원센터 행사에 참여한 적이 있는 결혼이민여성 5명을 소개받았다. 센터장이 직접 여성들에게 연락하여 인터뷰 스케줄을 잡고, 연구자가 센터로 방문하여 인터뷰를 진행하였다. 또한, 법률상담소에 이혼 상담을 의뢰한 적이 있는 결혼이민여성 1명을 소개받아 연구실에서 면 대 면 인터뷰를 진행하였다. 모든 인터뷰는 참여자의 동의하에 녹음되었다.

2) 사회기관 표본

한국 여성과 결혼이민여성들을 모집하기 위해 서울과 경기 및 지방에 위치한 여성 쉼터들을 연락하여 협조를 요청하였다. 이주 여성 쉼터와 한국 여성 쉼터 각각 한 곳에서 협조 요청에 동의하였다. 이주여성 쉼터에서 소개받은 결혼 이주 여성들의 경우 한국어가 능숙하지 않아 연구 책임자가 직접 쉼터를 방문하여 이중언어 구사자나 통역사 혹은 쉼터장과 동석하여 인터뷰를 진행하였다. 한국 여성 쉼터의 경우 쉼터 거주자들의 안전을 위해 쉼터 위치가 외부로 노출되는 것을 방지하는 차원에서 쉼터 근처에 위치한 조용한 카페에서 연구 책임자가 참여 여성들을 개별적으로 만나서 인터뷰를 진행하였다. 총 5명의 결혼이민여성과 10명의 한국 여성들이 인터뷰에 참여하였다.

3) 연구 참여자 특성

총 47명의 참여자들과 인터뷰를 실시하였다. 연구 참여자들의 인구학적 특성에 대한 평균값을 〈표 3-1〉에 제시하였다. 한국 여성 19명(부록 〈표 2-1〉), 한국인 여성과 혼인한 한국인 남성 7명(부록 〈표 2-2〉), 결혼이민여성 17명(부록 〈표 2-3〉), 그리고 결혼이민여성 참여자의 한국인 남편 4명(부록 〈표 2-4〉)에 대한 보다 상세한 인구학적 특성은 부록에 표로 각각 제시하였다.

〈표 3-1〉 연구참여자의 인구학적 특성

	한국 여성	한국 남성	결혼이민여성	결혼이민여성의 한국인 남편
	평균(표준편차)			
연령	35(6.72)	41.14(7.35)	38.88(10.23)	42.25(5.73)
결혼기간(년)	8.02(5.09)	10.86(5.95)	8.25(5.53)	9.25(5.12)
배우자의 나이	39.53(7.46)	41(7.32)	47(7.85)	37.25(9.63)
자녀 수	1.58(.83)	1.43(.78)	1.41(1.00)	2(1.15)
총 사례 수	19	7	17	4

한국 여성 19명의 평균 연령은 35세이며, 결혼 기간은 약 8년이며, 배우자의 나이는 39.53세로 여성보다 4.5세가량 더 높았다. 평균 자녀 수는 1.58명이었다. 한국 남성 7명의 평균 연령은 41.14세로 결혼 기간은 약 10년이었으며, 배우자의 평균 연령은 41세, 평균 자녀 수는 1.43명이었다. 결혼이민여성 17명의 평균 연령은 38.88세이며 결혼 기간은 약 8년이었으며, 배우자의 평균 연령은 47세로 결혼이민여성 평균연령에 비해 약 8살이 높았다. 평균 자녀 수는 1.41명이었다. 결혼이민여성의 남편 4명의 평균 연령은 42.25세이며 결혼 기간은 약 9년이었으며, 배우자의 나이는 37.25세이었으며 평균 자녀 수는 2명이었다.

2. 인터뷰 자료 수집 절차

모든 인터뷰를 진행하기에 앞서 참여자에게 연구에 대한 배경과 목적, 연구 방법, 그리고 연구 참여자의 권리 및 개인 정보 보호에 관한 사항들을 설명하였다. 면 대 면 인터뷰 시 참여자가 직접 참여 동의서에 서명을 하는 방식으로 진행하였고, 전화 인터뷰 시 참여자에게 참여 동의서 내용을 설명하고 참여자의 구두 동의를 받는 모든 절차를 녹음하였다. 동의 절차를 마친 후 본격적인 인터뷰를 시작하였고, 인터뷰 시간은 45분에서 2시간 사이였다. 인터뷰는 부부의 권력구조와 성 역할, 폭력 에피소드, 통제 행위, 폭력이 미친 영향 등에 대한 질문들로 구성되었다.

3. 자료 분석

녹음된 인터뷰는 분석을 위해서 모두 전사하였다. 분석을 위해 연구 책임자와 배우자 폭력 연구 경험이 있는 교수 1명, 그리고 연구 보조원 2명이 전사된 인터뷰들을 여러 차례 숙독하면서 공통으로 언급한 내용을 중심으로 범주를 도출하고, 폭력의 특성 및 국제결혼의 맥락 등을 고려하여 보다 세부적인 범주를 도출하였다. 이렇게 개별적으로 도출한 범주나 주제를 바탕으로 일주일에 한 번씩 모여서 인터뷰 자료에서 공통적으로 나타나는 테마와 개념들을 논의하였다. 또한, 공통적으로 언급한 범주와 각각 다르게 이해한 범주들을 다시 검토하였다. 질적 연구 자료 분석용 소프트웨어 NVivo 2를 사용하여 도출된 테마들과 개념들을 정리하였다.

제 4 장

연구 결과

제4장 연구 결과

첫 번째 연구 목적(Johnson의 배우자 폭력 유형별 분류 체계에 근거하여 다문화가족과 한국가정 내 유형별 폭력의 특성과 피해자에게 미치는 영향을 알아보고, 다문화가족에서 발생하는 폭력의 특수성을 살펴본다)을 위해서, 한국인 남성과 혼인한 결혼이민여성들과 한국 여성들이 경험한 배우자테러를 비교 분석하였다. 두 번째 연구 목적(상황적부부폭력을 성별 및 결혼유형별로 실시한다)을 위해서 상황적부부폭력을 다문화가족과 한국가정을 중심으로, 또 남성과 여성의 경험을 중심으로 비교 분석하였다.

분석한 결과 구성을 구체적으로 살펴보면, 먼저, 결혼의 맥락적 특성을 크게 총 세 가지로 나누어서 결혼 배경, 부부 권력 구조, 그리고 배우자 통제 행위를 폭력의 각 유형별로 분석한 결과를 제시하였다. 둘째, 참여자들이 배우자로부터 경험한 물리적 폭력의 특성을 살펴보았다. 끝으로, 배우자의 폭력이 미친 영향을 폭력의 각 유형별로 분석한 결과를 제시하였다.

1. 배우자테러: 한국 남성과 혼인한 결혼이민여성과 한국 여성의 경험 비교

Johnson이 개념화한 배우자테러(intimate terrorism)의 근본적인 두 요소는 통제 행위와 한쪽으로 치우친 권력 구조(예: 남성 지배적 혹은 여성 지배적인 결혼)이다. 따라서, Johnson은 이 두 가지 요소가 전반적으로 깔려 있는 관계에서 일어나는 물리적 혹은 언어폭력을 배우자테러로 정의하였다. 통제 행위 여부를 파악하기 위해서 참여자들에게 배우자와 본인의 여러 가지 통제 행동들을 물어보고, 부부 권력 구조를 파악하기 위해서 경제권과 결정권이 어떻게 분배되어 있는지를 물어보았다. 본 연구에 참여한 총 18명의 결혼이민여성 중 8명이, 한국 여성은 19명 중 12명이, 배우자테러의 피해자인 것으로 나타났다. 이 중 설문조사를 통해서 모집된 한 명의 결혼이민여성과 3명의 한국 여성을 제외한 여성들은 사회기관(예: 외국인지원센터, 쉼터, 법률상담소)에서 모집하였다. 배우자테러 피해자 대부분이 설문조사 표본이 아닌 사회기관 표본에서 추출된 것은 Johnson의 연구결과와도 일치한다.

1) 결혼의 맥락적 특성

(1) 결혼 배경

배우자테러를 경험한 한국 여성 12명과 결혼이민여성 8명의 결혼 배경은 그 맥락이 매우 달랐다. 첫째, 결혼이민여성들의 경우 모국과 원가족을 떠나 한국 남성과의 혼인을 위한 문화와 언어가 낯선 타국으로 이주를 혈혈단신 감행했다는 점에서 그 결혼 배경이 한국 여성과 다르다. 한국에서 결혼이민여성들의 결혼 생활은 대부분 친지나

친구와 같은 사회적지지 체계가 없는 상태에서 문화적 자원인 한국어 능력과 한국 문화와 생활 방식에 대한 지식이 전혀 없이 시작되었음을 알 수 있었다. 이는 한국 생활과 결혼 생활의 맥락에서 결혼이민 여성들의 위치가 처음부터 매우 취약했음을 짐작해 볼 수 있는 부분이다. 둘째, 한국인 남편이 결혼이민여성과의 혼인을 위해서 절대적으로 많은 경제적 대가를 치렀다는 사실 역시 한국 여성들의 결혼 배경과 차별되는 부분이었다. 여성의 이주 과정에서 대부분의 한국인 남편이 부인의 한국행 비행기 값 및 결혼에 드는 비용을 감당했고 결혼업체에 소개비까지 지불했다. 이는 다음 절에서 언급하는 남편 중심적인 부부권력구조의 형성과도 상당 부분 연관이 있다. 만남부터 시작해서 혼인까지의 과정이 남녀평등주의에 입각한 관계가 아니었던 것이다.

이러한 결혼의 맥락적인 차이에도 불구하고 배우자테러를 경험한 한국 여성과 결혼이민여성들은 한 가지 공통점이 있었는데, 그것은 바로 만난 지 얼마 되지 않아 서로 아직 잘 모르는 상태에서 동거나 결혼을 시작했다는 것이다. 10명의 결혼이민여성 모두 결혼정보업체나 자신이 직접적으로 아는 사람이 아니고 친구나 친척이 한 다리 건너 소개한 누군가를 통해서 한국인 남편을 만났다. 그 후, 빠르게는 이틀 만에, 대부분의 경우 첫 만남을 가진 지 한 달 내로 법적 부부가 되었다. 한국 여성의 경우, 12명 중 8명이 만난 지 일 년이 되기 전에 결혼을 하였다. 게다가 이들은 1명을 제외한 모두가 혼전 동거 경험이 있었고 이 중 5명은 혼전 임신이 결혼으로 이어졌다.

(2) 부부 권력 구조

Johnson의 가설과 동일하게 배우자테러를 경험한 여성들은 공통적으로 남편중심적인 권력 구조 내에서 결혼 생활을 하였다. 즉, 결혼 생활의 상당 부분에서 남편이 실권을 잡고 있음이 명백하게 나타났다. 이러한 권력 구조의 세부 유형을 살펴보면, 먼저 한국 여성의 경우 크게 세 집단으로 나누어졌다. 첫째, 겉으로 보기에는 여성만 노동을 하기 때문에 여성에게 경제권이 있어 보이지만 실질적으로는 남편이 전반적인 결정권과 경제권을 모두 장악한 경우였다(한국 여성 2, 9, 10, 17). 한국 여성 9의 경우, 자영업을 통한 여성의 수입이 이 부부의 유일한 수입원이었음에도 불구하고 남성이 경제권과 결정권을 독재적으로 잡고 있는 권력 구조 속에서 결혼 생활이 이어졌다. 남편 명의로 되어 있는 건물을 한쪽은 집으로 쓰고 다른 한쪽에서는 한국 여성 9가 임대료를 지불할 필요 없이 사업체를 운영한 것이 그에게 힘을 실어주었을 가능성이 높다.

> 제가 자영업을 했어요. (중략) 아빠는 4년간 놀았구요, 애기 아빠가 돈을 달라고 강제로 그런 건 아녜요. (중략) [남편에게] 완전 돈 관리를 하도록 맡겼죠. 애초에 결혼 전부터 시어머니께서 돈 관리를 하고 계셨어요, 결혼 전부터 애기아빠 통장을 관리하셨기 때문에… 그러면 [내가] 돈 벌은 거 시부모님 통장에 들어가니까 제가 [남편보고] 갖고 와라 그러지 못했죠. 그때부터 벌어서 십 원 한 장 못 쓰고 또 그렇게 원했구요. 그래서 다 줬죠. 그때부터 시작이 되어서 제가 계속 벌은 거죠, 십 원 한 장 못쓰고 살았던 것 같아요… 하다못해 명절 때 시댁에 돈 드리잖아요 그런 것까지 [다 남편이]. 제 의견은 완전 무시. 돈 관리는 애기아빠가. 큰 마트가 생겼잖아요. [남편이] 안 놀면 제가 짬을 내서 갈 텐데 노니까 [남편이] 저를 데리고 다니는 거예요, 자기는 기사래요.

> 모시고 간대요, 그런데 제가 맘대로 카트에 [물건을] 넣잖아요. 그럼 자신은 하나를 골라도 한 시간은 기본으로 들고, 하나를 살 때 오원도 따져요 만약 똑같은 제품도 회사마다 다르잖아요 무슨 성분 등등, 저는 딱 봐서 괜찮다, 해롭지 않겠다. 그럼 집어넣잖아요? 그럼 자기가 딱 끄집어내고 올려놔요, 그럼 이거 봐라, 요거 요거 이쪽으로 와봐라, 가격도, 그램 수 있잖아요. 그런 것 따지면서 왜 낭비를 하느냐.

한국 여성 10은 남편 명의로 된 식당에서 머슴과 다름없이 쉬는 날도 없이 매일 해야만 했다. 남편의 학대와 감시는 기본이었다. 한 달 수입을 어느 선까지 올려서 재료비 및 식당 경비와 월세를 마련해 내야 하는 것은 여자의 몫이었고 그렇지 못할 경우 남편의 욕설과 손찌검이 기다렸다. 그러나, 돈을 쓰는 것은 남편의 몫이었다. 목돈은 늘 남편 차지였고, 집안의 크고 중요한 경제적인 결정(예: 새로운 식당 구입, 이사 등)은 남편이 일방적으로 내린 후 부인에게 통보하였다. 한국 여성 17은 남편의 ○○○에서 필요한 일손을 상당 부분 도왔다. 하루가 멀다 하고 술을 마시는 남편이 과음으로 다음날 집에서 쉬거나 혹은 보름 동안 술을 마시느라 일을 하지 못할 때에도 그녀는 ○○○문을 열었다. 그러나 소액의 생활비를 남편에게 받았을 뿐 월급을 받은 적도, 함께 사는 동안 목돈을 구경해 본 적도 없었으며 집안의 경제 상황을 남편이 얘기해 준 적이 없었기 때문에 전혀 알지 못했다. 이는 이 부부의 권력구조가 얼마나 남편 중심적이었는지를 여실히 드러낸다. 한국 여성 2 역시 풀타임으로 일을 하였지만, 시댁에 얹혀살면서 생활비의 반을 시어머니가 부담해주고 있었다. 이와 같은 상황에서 무직인 남편은 자기가 쓸 돈을 아내에게 마음대로 요구하고 챙겼다.

두 번째 유형은 아내는 전업주부이거나 소일을 하고 남편이 어떻게든 경제활동을 하면서 부인에게 생활비를 제공하고, 몇 가정에서는 부인이 생활비를 관리하는 등 표면적으로는 일반적인 양상을 띠었으나 좀 더 깊이 살펴보았을 때 결정적인 주도권과 결정권은 남편에게 치우쳐 있음을 알 수 있었다(한국 여성 1, 3, 8, 13, 14, 18). 한국 여성 3의 경우 큰 결정 같은 것은 아내가 남편과 상의해서 내리는 등 얼핏 보면 동등한 권력 구조를 갖고 있는 것처럼 보일 수 있으나, 일상생활 속에서의 실질적인 주도권은 남편이 소유하고 행사하고 있었다.

> …생활비도 그렇고… 모든 거 다 제가 하는데, 그런데 요즘 인터넷이 오픈 되어 있어서 항상 공개해서 같이 들여다보죠. 재무구조라든가. 잔액이라든가. 수시로 뭐 체킹하고 감시하고 그게 아니고, 자기가 볼 수 있으면 언제든지 볼 수 있는. 그런 오픈되어 있죠. 어쩌다 한 번씩 큰 돈 들고 날고 할 때 있잖아요. 그럴 때는 한 번씩 보는 것 같아요. 그 외에는 전혀 간섭을 안 하고 그 대신 집안 재정이 마이너스 된다던가 쪼들린다던가 빚이 약간, 카드 빚이 좀 있다든가 그럴 때는 태클을 걸죠. 저한테. 어떻게 돈 관리를 하길래 이러냐고. 그럴 때 한 번씩 큰 소리나기는 하는데, 잔잔한 생활 속에서 주도권은 남편이 잡고 있는 것 같아요. 예를 들어서 밥 먹으러 간다 그러고 외식을 한다 그럴 때도 자기가 먹고 싶은 것 먹고, 본의 아니게 분위기를 몰아가잖아요. 거부할 수 없게. 예를 들어서 뭐 반찬 같은 거 사먹으면 안 되고… 굉장히 싫어하고 집이 지저분한 거 싫어하고요. 되게 싫어하고. 제가 제일 힘들어한 건 옷 입는 거 갖고… 그게 제일 힘들죠. 자기만의 규칙이 있어서, 항상 여자가 나갈 때는 치마에 힐을 신어야 하고 근데 저는 어떤 모임이라든가 어떤 그 격식을 갖춘 모임에는 분명히 그렇게 하고 가거든요, 근데 그렇지 않고 예를 들어서 마트 장보기를 한다든가 편하게

> 할 때, 편한 차림으로 가고 그래야 되는 건데, 항상 똑같이 그렇게 격식을 차리고 입고 다녀야 하고…

공통적으로 이 유형에 속한 결혼의 경우 남편이 원하는 대로 부인과 상의 없이 집안의 중요한 결정을 독단적으로 통보하는 것은 기본이고, 남편 마음대로 돈을 썼기 때문에 부인이 남편의 수입을 관리한다고 해도 실질적인 경제권과는 상관이 없었다.

마지막 유형은 남편과 부인이 각각 경제활동을 하면서 따로 따로 수입을 관리하지만 자녀들에게 들어가는 비용을 포함한 생활비는 부인이 부담하고 결정권은 남편이 독단적으로 갖고 있는 권력구조였다(한국 여성 11, 12). 마치 '한 지붕 두 가구'와 같은 구조라 할 수 있다. 남편은 자신의 유흥비만을 부담했다. 한국 여성 11의 경우 들어가는 생활비가 많지 않아 남편에게 따로 돈을 요구하지 않았으나 한국 여성 12는 남편의 도움이 필요했다:

> 한국 여성 12: [집을 산다거나 하는 중요한 결정] 그런 건 [남편이] 독단적으로 했어요. (중략) 그러니까 거의 부부처럼 살지 않았던 거 같아요, 사소하게 상의하거나 결정하거나 [그런 거 없이] 그냥 통보
> 면접자: 그러면 돈 관리는 어떻게 하셨어요?
> 한국 여성 12: 각자 했던 거 같아요. 그러니까 저는 벌어봐야 백만 원 남짓인데 그거 뭐 애기들 보험료 내고 생활하고 공과금 내고 이러면 없잖아요. 그러면은 제가 누누이 돈 좀 달라 돈 좀 달라 하면은… 이렇게 정액으로 얼마를 준 게 아니라. 그러니까 최근에는 월 육십 만원씩 그것도 참 적은 돈이잖아요, 근데 그것도 어렵다 그랬어요. 근데 한 세 달 받았어요 그것도.

배우자테러를 경험한 결혼이민여성 8명과의 인터뷰에서 나타난 부부 권력구조의 특성 역시 한국인 남편의 실권이다(결혼이민여성 1, 2, 3, 4, 6, 7, 10, 16). 한국 여성들과 차별되는 부분은 한국인 남편이 돈을 지불하고 제3자를 거친 소개를 통해서 여성을 부인으로 맞이함으로써 성립된 결혼이민이라는 특수한 상황과 이들 부부의 권력구조 양상이 밀접하게 맞물려 있는 점이다. 결혼이민여성을 부인으로 맞이하기 위해 한국인 남편들은 많은 돈을 지불하였다. 결혼 후에도 여성의 친정 부모가 한국을 방문할 때 비행기 값을 지불하고(결혼이민여성 4, 10) 친정에 돈을 부쳐주기도 했다(결혼이민여성 7, 16). 배우자테러를 경험한 결혼이민여성 중 남편처럼 돈을 지불하고 결혼한 여성은 없었다. 한국 남성의 청혼을 자발적으로 받아들였고, "한국에 오면 잘해주겠다"라는 그의 말을 믿었다. 결혼이민여성 6의 부모는 딸이 결혼하기 전에 한국 사위로부터 천 달러를 받기도 했다. 결국, 알코올 중독으로 매일 술만 마시는 장애인 남편을 두어 이주하자마자 풀타임으로 돈벌이를 시작한 결혼이민여성 1을 제외하고는, 배우자테러를 경험한 결혼이민여성들 모두가 잘 알지도 못하고 언어도 통하지 않는 낯선 남편에게 어느 정도 이미 경제적으로 신세를 진 상태에서 그의 경제력을 의존해서 결혼 생활을 시작한 셈이다. 또한, 한국 물정을 잘 모르고 한국어 사용이 불가능하거나 서툰 외국인 아내와 일일이 상의해서 함께 크고 중요한 결정을 내린다는 것이 여의치 않았을 수 있다. 그러나, 결혼이민여성의 이와 같은 사회문화적인 자원의 상대적인 결여는 곧 권력의 부재와도 일치했다. 남편이 크고 중요한 결정을 내린다고 대답한 결혼이민여성 7의 말이다:

> 제가 외국 사람이라서 잘 몰라요. (중략) 좋아도 [옳은 소리를 해도]

제가 말하면 다 틀린 거예요. 똑바로 얘기해도 제가 말하는 건 다 틀린 거야. 남편 말이 맞아요 맨날. 자기 말이 맞아요. [내가] 말을 해도, "아니야 잘못된 거야." (중략) 한국말 잘 몰라서, 어떤 법 있는지도 몰라, 경찰을 부르는 것도 잘 몰라, 그래서 때리는지도 몰라요. 남편 생각을 어떻게 알아요. 여우 같은 새끼.

결혼이민여성 16은 남편이 자신을 무시한 것 같은지에 대한 질문에 이렇게 대답했다.

무시해요. 왜냐면 저는 외국사람이라고 아무것도 없는 사람이라고. 한국에 와서 한 숟가락이나… 결혼하고 안 갖고 왔다고. 아무것도 안 갖고 오고 한 숟가락도 안 갖고 왔다고. 네. 그러면서 꼭 몸 밖에 없다고.

결혼생활을 시작하면서부터 이러한 맥락적 요소들이 상당한 권력을 한국인 남편들에게 실어주었고 이들은 그 권력을 부인과 공유하기보다는 독재적으로 사용했다. 부인이 일을 하지 않는 경우(결혼이민여성 7, 16)는 물론이고 중간에 취업을 한 결혼이민여성들(결혼이민여성 3, 4, 10, 16)의 경우에도 경제권이나 결정권은 쉽게 공유되지 않았다. 오히려 부인이 남편의 일을 도와주었는데도 월급을 주지 않거나(결혼이민여성 3, 10) 남편이 부인의 수입을 당당하게 요구하고(결혼이민여성 10) 혹은 부인 스스로 자신의 수입을 남편에게 주기도 하였다(결혼이민여성 4).

(3) 통제행동

앞서 살펴본 남성중심적인 권력구조 양상을 띠었다고 해서 그러한 부부 관계 내에서 발생하는 폭력을 다 배우자테러라고 보는 것은 아니다. 배우자테러의 가장 두드러지는 맥락적 특성은 남성이 권력을 장악하고 있는 기울어진 권력구조의 맥락에서 생활 전반에 녹아 있는 남편의 통제 행동이다. 통제 행위는 배우자를 자기가 원하는 대로 움직이게 하기 위해서 조종하거나 함부로 대하는 행위라고도 볼 수 있는데, 배우자를 통제하기 위해 협박, 사회적으로 고립시키기, 돈 안주기, 극심한 학대, 지나친 간섭, 감시, 의심, 지속적인 무시 등 다양한 전략이 동원된다. 이와 같은 통제행동은 전반적인 부부관계에서 자신이 원하는 것(예: 권력, 우월감, 지위 등)을 얻기 위해서 사용되기도 한다.

결혼이민여성들과 한국 여성들이 경험한 남편의 통제행동 유형은 전반적으로 유사했다. 특히 남편이 어떤 형태로든 경제적인 기반을 제공한 상태에서 여성을 학대하고 결정권과 경제권을 장악했던 첫 번째 권력구조에서 나타난 통제 행동과 결혼이민여성들이 묘사한 한국인 남편의 통제 행동은 매우 유사했다. 이들이 공통적으로 경험한 통제 행위들을 살펴보면 다음과 같다.

① 의심

가해자들은 아내를 무조건 의심하고 이를 이유로 아내의 일거수일투족을 사사건건 확인하고 간섭하는 행동을 보였다. 이로 인해 개인의 자유를 박탈당하고 남편의 감시와 감독 속에서 모든 것을 남편에게 보고해야 하는 생활을 했다.

> "너 여관 갔지? 불어라." 뭐 거짓말로, "그 사람한테 가서 다 물어봤는데 했다 하더라" 그러면서 막 자백하라고. 아니라고 그러면 "너 용서해줄 텐데 자백하면 용서해 줄 텐데 왜 아니라고 하느냐," 아니라고, 아 진짜 지옥이었어요. (중략) 항상 집에 있나 없나 확인 전화하고. 내

가 이제 전화하고. 내가 이제 애들 데리고 운동하러 나왔는데 [남편이] 집에 전화하니까 안받잖아 아무도. 그러면 제 핸드폰으로 해 가지고, "어 지금 애들이랑 나왔어" 하면은, "누구 이제 바꿔.. 큰 애 바꿔" 뭐 확인. (중략) 일일이 다. 되게 심했어요. (중략) 제가 그러니까 어디를 갔는지 뭘 하는지. 제가 얘기를 하고 다녔어. 나 지금 동네 누구네 집에 놀러 간다 그러면 "동네 누구네 가", 그러니까 허락을 맡고 다녔다고 해야 되나 그 정도로. 뭐 슈퍼 간다 이런 식으로… 안 하면 난리가 나는 거지. (한국 여성 12)

결혼이민여성 2의 남편은 부인의 외도를 의심해서 외부와의 소통을 차단하고자 핸드폰을 끊고 아내를 철저히 고립시켰다.

핸드폰 없어요. 끊었어요. 남자 만날까 봐 남편이 끊어버렸어요. (중략) 남편 생각에 [내가] 다른 남자 만났어요. 바람 피웠다구요. 아… 진짜 속상해요. 참았어요. (중략) [쌍둥이를 낳았는데] 둘 다 딸 나왔어요. 다른 남자 딸이라고 [날 의심했어요]. (결혼이민여성 2)

② 경제적 통제

한국 여성 9의 경우, 남편은 무직이었지만 그의 건물에서 여성이 사업체를 운영하면서 생계를 유지하였다. 결혼 기간 중 남편은 여성의 모든 수입을 요구하였고 수입과 지출 모두를 철저히 관리하였다. 여성이 조금이라도 일을 하지 않는 것 같은 모습을 보일 때 불같이 화를 내며 폭력과 폭언을 일삼았다.

그날이 토요일이었어요, 아침에 기분 나쁘게 나가진 않더라구요, 애가 옆에서 토요일이라 애하고만 놀았어요 가게 문을 닫았어요. 2~3시경에 애기 아빠가 대문을 확 열고 들어와서 "당장 기어나가! 애기하고 당장 기어나가!" 이러더라구요 너무 황당한 거예요, 이게 무슨 날벼락? 엄청 큰 소리로 "꺼져, 당장 기어나가! 집 다 부셔버릴 꺼야" 그러더니 부수는 소리가 나더라구요 (중략) 물어 봤어요. "나 진짜 알고 싶다 답답하다 이유도 없이 당하면 난 뭐냐" 그랬더니, "일 똑바로 안 할 것 같으면 나가, 이 가게 차리고 똑바로 안 할 것 같으면 나가." 그러더라구요. 밤에 또 물어봤어요, "아까 자기가 화가 나서 그런 모양인데 진짜 나가?" 그랬더니 "응 나가," 그러길래 "나가면 내가 갈 데가 어딨어?" 그랬더니 "그렇지 않으면 일 똑바로 하던가" 그래서 "그러면 돈만 벌어오면 된다 그거네?" 그랬더니 "잘 아네" 그러는 거예요.

결혼이민여성 16의 남편은 집에서 어린 딸을 돌보는 부인에게 생활비는커녕 우유가 떨어져도 여성과 아이는 밥을 굶기가 일쑤였다:

"그냥 밥이 없으면, 집에서 밥 먹고 싶으면 남편이 올 때까지 기다려야 돼요. 돈 안 줘서 그러니까 올 때까지 기다려야 돼요."

남편보다 서른 살이 어린 결혼이민여성 10은 자신이 남편의 네 번째 부인이라는 것을 결혼 후에야 알게 되었다고 한다. 학원 원장이었던 남편은 그의 돈을 어린 부인과 공유하는 법이 없었다. 오히려 그녀 몫의 돈을 가져갔다고 한다.

결혼이민여성 10: 그는 항상 돈이 없다고 했는데 이사를 가고 차를 바꾸었습니다. 그는 쇼핑을 하고 친구들과 골프도 쳤습니다. 제가 그 사람의 친구들을 만날 때는 항상 조용히 있어야 했습니다. 저는 남편과 함께 남편의 학원에 도시락을 싸서 나갔습니다. 학원 사무실에 손님이 오면 저는 밖에 나가 있어야만 했습니다. 왜 그랬는지는 모르겠지만 그는 제가 그 곳에 있는 것을 다른 사람이 보길 원하지 않았습니다.
면접자: 학원에서 학생들에게 영어를 썼나요?
결혼이민여성 10: 네. 같이 일했는데도 남편은 저에게 돈을 주지 않았습니다. 그리고 제가 돈을 받을 일이 있으면 모두 남편에게 주었습니다.
면접자: 혹시 같이 장을 보러 간 적이 있나요?
결혼이민여성 10: 네, 일주일에 한번씩 같이 갔습니다. 그러나 그는 제가 원하는 것을 사주지 않았습니다. 항상 그가 원하는 것을 샀습니다.

③ **협박**

배우자테러의 가해자 남성들은 자신의 통제와 폭력 속에 부인을 계속해서 가두거나 혹은 자신이 원하는 대로 부인을 조종하기 위해서 협박을 일삼았다. 몇 가지 협박 내용을 아래에 제시하였다.

너를 중국에다 보낼 거다. 출입국에 신고해서 중국에 보내겠다. (결혼이민여성 1)

[남편의 폭행을 내가 경찰에] 신고했다고, 칼로 이런 옷에 찔러서 빵꾸났어요. 나중에 신고하면 칼로 죽인다고 협박했어요. 신고한 다음에 저녁에 숨도 못 쉴 정도로 목을 졸랐어요. (결혼이민여성 2)

그 얘기를 하는데 당신이 어디를 가든지 나는 당신을 쫓아다닐 거래요. 당신은 내 손아귀를 벗어나지 못할 거고, 당신이 잘 살아도 그렇고 못 살아도 그렇고. (한국 여성 3)

처음에는 모르겠는데 ○○에 이사 와서 그랬어요. 무섭고 그랬어요.. 죽자는 얘기 자주 하고… 또… 닥치는 대로 이제 때리고.. [자기가] 사람을 죽여 봤으니까… 죽이는데도 문제가 없다는 둥… (한국 여성 10)

면접자: 그럼 실제로 나가신다기보다는 그냥 남편을 겁주려고 그러셨던 거예요?
여성: 실제로 나가고 싶었습니다 (웃음)
면접자: 근데 왜…
여성: 어머니, 아버지를 죽인대요.
면접자: 그렇게 협박을?
여성: 근데 정말 죽일 것 같았거든요 눈빛을 보면. 그냥 사람 하나 죽이고 몇 년 동안 감방에서 살다가 자기는 시골에 처박혀서 살면 된다… 자기는 초범이라서 뭐 괜찮다, 얼마 안 살 거다… (한국 여성 14)

④ 학대

부인을 식모나 도우미 취급하고 심하게 학대하는 행동은 본 연구에 참여한 결혼이민여성들의 한국인 남편이 한국 여성과 결혼한 한국인 남성보다 그 정도가 극심했다. 한 가정을 이루고 함께 동거동락할 아내라기보다는 함부로 대해도 괜찮은 자신의 소유물이나 상품쯤으로 생각했다. 결혼이민여성 10은 남편의 시중을 들고 심지어는 한국에 있는 딸을 방문한 그녀의 어머니도 사위의 시중을 들어야 했다.

결혼이민여성 10: 남편은 제가 시키는 일을 하기만을 원했습니다. 저는 남편의 시중을 드는 사람 같았습니다. 제가 남편에게 물을 따라 줄 때에는 두 손으로 드려야 했습니다.
면접자: 당신이 그렇게 하지 않았을 때 남편은 어떻게 했나요? 화를

냈나요?

결혼이민여성 10: 네. 제가 만약 한 손으로 물컵을 주었을 때 다시 하라고 했습니다. 그리고 저에게 항상 욕을 했습니다. (중략) 심지어 우리 엄마가 한국에 왔을 때 우리 엄마한테도 그렇게 했습니다. 엄마도 음식을 준비하고 옷을 세탁하고 심지어 매일 밤 남편에게 마사지를 해주었습니다. 그에게 발 마사지를 해주었고 발을 닦아 주었습니다. 내가 임신했을 때는 그런 일들을 하고 싶지 않았습니다. (중략) 임신해서 내가 집에 있을 때 남편이 나에게 당신은 개팔자라고 말을 했어요. 집에만 있고 먹고 자고…

결혼이민여성 3은 인터뷰를 하는 동안 계속 울었으며 매우 격앙된 상태였다. 남편과 시부모와 살면서 겪은 학대는 마치 현대판 노예의 이야기를 듣고 있나 하는 의문이 들 정도였다.

아침에 여름에 6시에 일어나요, 겨울에도 6시 반에 일어나요, 밥 준비해요. 밥하고 일하고 청소하고. 남편이 때려서 뼈 부러졌는데 남편이 시어머니한테 아무것도 주지 말라고 해서 밥도 안 줘요. 콩나물국, 미역국… 아파서 한 숟가락 두 숟가락밖에 못 먹어요, [남편이랑 나랑] 둘이 싸우면 아침에 시어머니가 노래해요. 뼈 부러져서 5분 정도 늦게 일어나는데도, 발로 차면서 일어나라고, 손도 다섯 바늘 꿰맸는데도 계속 집안일 했어요. (결혼이민여성 3)

결혼이민여성 6도 마찬가지였다. 남편의 학대를 견디다 못한 그녀는 결혼 4개월 만에(임신 3개월 때) 도망 나와 여기저기 떠돌다가 누군가의 도움으로 갓난아이와 함께 쉼터에서 머물고 있었다. 그녀는 이미 비자가 만기되어 불법체류자가 되었고 아이는 남편에게 빼앗길까

봐 출생신고도 하지 못한 상태였다. 여성은 인터뷰하는 동안 눈물을 그치지 않았다. 베트남에서 처음 만났을 때 그녀의 부모에게 천 달러를 주고 딸에게 "잘해주겠다" 약속하고 데려온 그녀의 남편은 알고 보니 말을 잘 못하는 장애인이었고("남편 병 있어요, 말을 잘 못해요. 저도 몰랐어요") 그의 병든 노모와 함께 살고 있었다. 그는 결혼한 지 한 달도 안돼서 임신을 한 그녀에게 수술하고 베트남으로 가라는 소리를 자주 하며 매우 거칠게 대했다고 한다.

> 임신했을 때 누구 옆에서 답답해요. 밥도 못 먹어. 진짜 그것 때문에 남편이 진짜, "그냥 오빠 나 내가 밑에 자도 돼." [내가] 밑에 내려가서 자고 남편이 불을 막 켜고 [내가] "뜨거 뜨거" 잠을 못 자서 주방에 나와서 자고. [내가] 부엌에서 자고 남편은 침대에서 자고. 근데 [남편이] 불을 켰어요, 뜨거우니까 [내가] 주방에 나와서 자는데, 근데 남편이 청소기 갖고 나와서 머리까지 우우~ 청소기를 갖고… (중략) 매일매일 혼자 집에 있고. 남편은 마음대로 해요. 근데 그래도 배 아프니까 "오빠 지금 배 아파요 왜 이렇게 배 많이 아파요." "알았으니까 나와!" 한 시간 후에도 많이 아프니까 "안 될까 봐요. 오빠 배 아파." (중략) 근데 밤에 말하면 때려요, 막 때리고 진짜 무슨 말도 못해. "수술해 베트남 가!"언제 때리면 자꾸 가방에, "베트남 가. 수술해 베트남 가." 나 임신했을 때 내가 "나 베트남 가도 돼. 나 애기 키울 수 있어 애기 안 수술해", [남편이 말함] "안 돼 수술해 베트남 가." 근데 두 번 세 번째 마지막에 [내가] 밥 먹고 있어 [남편이] 빗자루 갖고 와서 밥을 못 먹어요, 밥 안 먹어서 많이 배고프니까 밥 조금 먹으려고 근데 남편이 빗자루로 쓸었잖아요. 근데 밥에 먼지 많으니까 못 먹어. 진짜 맨날 있잖아요, "힘들어요. 왜 그래 나 밥 먹고 있어 왜 그래", 그때 머리 잡아서 때려요. 마지막에 진짜 무서워. [남편이 말했어요] "수술해 베트남 가!"

"나 수술 안 해. 나 수술 안 해. 내 애기야. 나 수술 안 해. 그냥 보내줘. 그냥 베트남에서 애기 키울 수 있어요. 왜 애기 수술해요." [남편이 말했어요] "나중에 나한테 돈 달라고 하면 어떻게 해."[내가 말했어요] "걱정하지 마세요. 나 돈 하나 안 바라. 걱정하지 마세요. 나 혼자 애기 키워요."

본 연구에 참여한 결혼이민여성을 부인으로 맞이한 한국 남성들은 그녀들과의 결혼을 위해 경제적인 대가를 치렀기 때문일까. 언어도 통하지 않고 한국에서 자신이 아니면 오갈 데 없는 그녀들의 취약한 처지를 잘 알고 있었기 때문일까. 아니면 한국보다 경제적으로 못사는 나라에서 왔다고 무시해서였을까, 아내라기보다는 마치 돈을 주고 사온 몸종처럼 대했음을 알 수 있다. 처음부터 기울어진 권력구조를 안고 시작된 결혼이 한국인 남편의 부인 학대와 통제 행위에 촉진제 역할을 했을 뿐만 아니라 그것이 합리화되는 구조적인 맥락을 제공한 셈이다.

한국 여성들의 경우, 남편이 경제적인 기반을 제공했던 첫 번째 권력구조 유형의 여성들은 결혼이민여성들과 유사한 학대를 경험하였음을 알 수 있다. 결혼과 동시에 한국 여성 10은 남편에게 노동력과 딸을, 그리고 남편은 식당을 제공했다. 남편에게는 거칠고 귀찮은 식당 일을 담당할 일꾼이 필요했던 것이고 마흔이 되도록 혼자였던 그녀에게는 가족이 필요했을 것이다. 그러나 그녀는 남편에게 '마누라'이기보다는 '공기'에 불과했다.

너무··· 뭐라고 해야 하나··· 사람을 인간으로 안 보고··· 인간으로 안 보고 짐승보다 못하게 보는 거 있잖아요. 식모 같은 취급하는 거 있잖아요. 가정부 같이··· (중략) ···그래서 자기가 사람을 잘 안대요. 병신

다루는 방법, 뭐 하는 방법, 이런 얘기를 하는데, 나보고 하는 얘기 같기도 하고… (중략) 그러데요. 나는 인간이 아니고 마누라도 아니고 공기라고 공기.

한국 여성 9 역시 남편에게 그녀는 아내나 아이의 엄마이기보다는 '돈 버는 기계'에 가까웠다. 정작 자신은 특정한 직업 없이 집에서 인터넷 게임만 하면서 아내는 나가서 돈을 벌어야 했다. 남편 명의로 된 사업체에서 일하는 아르바이트생들에게 밥을 해주는 주방아줌마를 그만두게 하고 한국 여성 9에게 그 일을 하라고 했다.

왜 부쉈냐 물어보면, "일을 하려면 똑바로 하고, 니가 일을 똑바로 안 하니까 내가 그랬다"고 그러더라구요. 옛날에도 ○○ 사택에서 살 때, 애기가 갓난 애기 때요. 주방 아줌마가 [아르바이트생들] 밥을 해주잖아요. 아르바이트생들이 열세 명, 네 명이었어요. 주방아줌마가 월급도 셌거든요. 그래서 [나보고] 대신 하라는 거예요. 애기가 8~9개월이었거든요. 그럼 거리가 차 끌고 20~30분이 걸려요. 그럼 새벽에 5시 반에 가야 하는데 애기를 안고 가서 몸살이 났어요. 그랬더니 도저히 아파서 못 가겠다고 그랬더니 처음에는 "못 가?" 그러기에 "못 가겠어 너무 아파" 그랬더니 가만히 있더라구요. 5시 반까지는 가만히 있더라구요. 5시 반이 되었더니 "당장 일어나" 그러더라구요 "나 너무 아파서 못 가겠어" 8개월 되었는데 애기도 감기가 걸리고 그래서 제가 "못 일어나" 화가 나서 그랬더니 옆에 있는 애기, 원룸이니까 크지도 않잖아요. 옆에 있던 서랍을 부신 거예요. 옆에 있던 애가 놀라서 경기하고… 제가 일을 안 하고 있으면 그게 나오는 거예요. 제가 돈을 잘 벌고 그럼 [남편은] 실실 웃고 친구들 만나고 좋아요.

한국 여성들과 결혼이민여성들의 경험에서 한 가지 발견된 차이점은 앞서 언급한 결혼이민이 갖고 있는 특성상 서로 잘 알지 못하는 상태에서 부부가 됨으로써 오는 신뢰 부족이 남편의 통제 행동을 어느 정도 조장하는 작용을 했다는 것이다. 전화 사용을 금지하고 외부인과의 접촉을 염려해서 핸드폰을 끊어버리는 등 기본적인 사회적 자유를 박탈했다. 결혼 2년 차인 결혼이민여성 7의 남편은 부인에게 상당히 폭력적이었는데 집에서 아이만 보는 부인이 외출을 원해도 혼자 외출하지 못하게 했다.

> 싸울 때마다 그 다음날 계속 전화해요. 전화 안 받으면 집까지 와요. 집에 있는지 없는지 확인해요. 왜 왔냐고 하면, 아니 저기, 일 때문에 왔는데 그렇게 핑계를 대요. 도망가고 싶으면 내일도 모레도 도망갈 수 있어요. [한숨] 지금 도망가도 어디가요. [도망갈 데도 없어요]

필리핀 출신 결혼이민여성 10의 남편 역시 아내가 외부와 접촉하는 것을 금하고 감시하였다. 다음은 이 여성과 영어로 진행한 인터뷰 내용을 한국어로 번역한 내용이다.

> 남편과 결혼하고 한국에 들어와서 보니 이주여성센터에 많은 필리핀 여성들이 있었고 그 곳에서 한국어를 배울 수 있었습니다. 하지만 제 남편은 제가 그 곳에 가는 것을 허락하지 않았습니다. 그리고 제가 무료로 사진 찍을 수 있는 기회가 있었는데 다른 사람이 우리 집에 오는 것을 허락하지 않았습니다. (중략) 제가 외출하는 것을 싫어했습니다. 언제나 같이 있어야 하고 집에 있어야만 했습니다. 항상 자신이 원하는 것을 해야만 했습니다. 그리고 저를 감시했습니다. (중략) 제게 한국어를 배우지 못하게 하고 집에는 컴퓨터, 인터넷도 되지 않았습니다. 제

가 [남편의 폭력을 피해] 쉼터로 피신했다가 돌아온 이후로는 집에 있는 전화도 끊었습니다. 걸려오는 전화만 받을 수 있었습니다.

결혼이민여성 16의 남편은 아내의 외출을 막기 위해 생활비나 돈을 전혀 주지 않았다. 작년에 이혼한 이 여성은 그때 기억을 회상하며 또다시 눈물을 흘렸다.

결혼이민여성 16: 네… 애기 있어도 그냥 집에서 심심하잖아요. 집에서 한글 배우고… 혼자… 학원 다니고 싶어도 한글 배우고 싶잖아요. 안 보내요.
면접자: 아, 밖에 못 나가게 했어요?
결혼이민여성 16: 네… 안 보냈어요. 한국… 한글 배우고 싶다… 우리 안 통하니까… 했어요.(중략) 한… 애기… 5살까지… 네… 나가고 싶어도.. 차비하고 돈이 없잖아요. 어디를 가요. 그러니까 밖에 나가고 싶어도 그냥 동네만… 애기 같이 놀고… 밖에서 그냥 왔다갔다 그것까지만 해요.

남편이 왜 그렇게 한 것 같은지에 대한 질문에 여성은 이렇게 답했다.

돈 같은 거는 [나를] 안 믿었던 것 같아요. 만약에 저한테 돈을 주면 도망갈까봐….

이와 같이 불신에 부분적으로 뿌리를 둔 한국 남성들의 방치 혹은 통제 행동에 결혼이민여성 7의 한국인 남편(한국 남성 8)은 주위에서 들려오는 이주여성들에 관한 좋지 못한 소식들과 사건들이 그로 하여금 아내도 혹시 도망가거나 나쁜 사람을 만나서 탈출할까봐 불안해 의심하고 간섭하게 됐다고 설명했다.

아기 없을 땐 좀 불안했죠. 이게 또… 뭐… 정식으로 하더라도 이렇게… 이혼을 하고 무슨 일이 있더라도 정식으로 하면 괜찮은데, 탈출행동, 그게 이제 무서운 거죠. 탈출행동… 다문화 여성들이 이혼 안 하고 그냥 도망가고… 결혼하고 나서 이제 한국에 나올 때 한국대사관 가서 비자 찾으러 가면 이제 우즈베키스탄 한국 대사관 앞에 가면 브로커들이 있어요. 브로커들이 명함 같은 거 주면서… 한국에 와 가지고 결혼생활하면서 힘든 일 있으면 나한테 연락해라… 그러면 우리가 도움을 주겠다 그래가지고 명함을 이제 받아오거든요. 그래 가지고 한국에 잘 살다가 처음에 뭐 그러다보면 뭐 어디 의지할 때도 없고 그러면 여자들이 거기다 전화를 해요. 그래 가지고 전화해 가지고 통화 해 가지고 뭐 어디 술집으로 오라 그래 가지고 술집에서 팔고.. 그거는 술집에 이제.. 우리 와이프 친구가 서울 사는 애가 그런 경우 있었어요. 초창기에 여자가 가출을 해 가지고 이제 우리 집에 왔었거든요. 우리 집에 와 가지고 한 2-3일 자고… 그래가지고 집 나가가지고 뭐 어디 술집에 팔려가가지고 거기서 도망 나와 쉼터 갔다 그런 얘기를 들었거든요. 그래 가지고 와서 [아내가 어디다] 전화하고 그러면 또 무슨 전화인지 좀 의심하게 되고… 네… 누구냐고 막… 그러면… 뭐 친구라고 이렇게 대답하는 경우도 있고… 대답 안 하면… 한 번 두 번 뭐 이렇게 자꾸 물어봐도 대답 안 할 때 제가 자꾸 물어보잖아요. 그러면 사생활 간섭하는 것처럼… 그러니까… 화 좀 내는 경우도 있고… 왜 자꾸 남의 사생활… 그러냐… 나도 그러면 내가 자꾸 누가 물어보면 기분 좋냐고 저한테 반문하는 경우도 있고요.. 그래 가지고 뭐… 저는 그런 경우가 있어 가지고 겁이나가지고… 너 전화번호 다 지워라 그런 얘기도 한 적 있어요.

다른 결혼이민여성들의 한국인 남편들이 앞의 남성과 같은 이유에서 그녀들을 통제하려고 했던 것인지 그들의 통제 배경을 본 연구에서 파악할 수는 없었다. 또한, 이 인터뷰 내용에서 언급된 배경이 결혼이민여성 7의 남편의 통제행동을 전적으로 설명해준다고 결론짓기는 힘들다. 그러나, 그가 언급한 결혼이민여성들을 둘러싸고 있는 위험 요소들과 한국인 남편들의 통제행동 그리고 이러한 것들이 그들의 결혼생활에 미치는 영향에 대해 후속 연구에서 보다 더 깊이 살펴볼 필요가 있다. 이는 기본적으로 쌓인 신뢰 없이 혼인을 한 국제결혼의 경우, 초창기에 서로에 대한 신뢰를 구축하여 지나친 통제를 예방 혹은 중재하는 것이 매우 시급한 과업임을 제시한다. 아울러 결혼이민여성 7의 남편은 신뢰를 쌓아가기 위해서는 오해와 불신을 그때그때 풀 수 있는 도움이 필요함을 강조했다.

> 그게 [오해와 불신이] 쌓이고 쌓이고 그래가지고 그… 6개월… 보통 그런 경우가 많은데 어느 정도 이제 6개월 정도 지나면 어느 정도 한국말 하고 알아듣고… 또 한국말… 우리하고 비슷하거든요. 순서도 똑같고.. 영어처럼 뭐 그게 아니고 우리하고 똑같아요, 이게. 그래 가지고 그 사이에 이제 뭐… 무슨 뭐 통역이라든지 그런 사람 못 구하면, [오해와 불신이] 쌓이고 쌓이고 해서 이혼하는 거죠. 저도 그런 생각 많이 했어요. 처음에 도저히 말도 안 통하고… 이게 뭐 서로 오해도 많이 생기고 문화도 다르고 이래가지고… 뭐… 우리 이제 이혼하자 그런 경우도 좀 있었어요… 이제 뭐, 애 태어나고 그러니까…

Johnson은 배우자테러를 경험하는 부부들의 경우 가해자가 폭력적이지 않은 평상시에도 피해자는 가해자의 전반적인 통제 행동 및 언제 다시 분출될지 모르는 폭력적인 성향으로 두려움을 지속적으로 갖고 있는 것이 일반적이라고 설명하였다. 그러나 본 연구에서 배우자테러적인 폭력을 경험한 대부분의 결혼이민여성들은 평상시에도 남편이 무섭거나 두려웠냐는 질문에 폭력적으로 행동하거나 소리지르고 화를 낼 때는 무서웠다고 회상하면서도 남편에 대한 두려움보다는 원망과 상처 그리고 생존에 대한 처절함과 긴박함이 그들 가슴 속에 더 깊이 자리 잡고 있음을 알 수 있었다. 남편의 보복이 무섭지 않냐는 질문에 결혼이민여성 3은 "무서워도 어떻게 할 방법이 없잖아요"라고 대답했다. 이주여성 긴급콜센터에 전화해서 쉼터로 오게 된 것이 그녀에게는 마지막 유일한 숨구멍이었을지도 모른다. 결혼이민여성 6은 차에 그녀를 가두고 끈으로 꽁꽁 묶은 채 폭행한 남편으로부터 결혼 4개월 만에 임신 3개월의 몸으로 도망쳤다. 남편이 무섭냐는 질문에 그녀는 이렇게 대답했다. "무서워도 진짜 마음 지금 용서하지 못해요. 진짜 얼굴만 보면 '애기 수술해' 진짜 계속 생각나요." 알코올 중독자 남편과 결혼한 지 6년 만에 이혼한 결혼이민여성 1은 두려움에 대해서 이렇게 설명했다.

> 그냥 술을 마신다면은 많이 좀 [내가] 조심… 저도 많이 조심하곤 했어요. 어떤 말을 저도 모르게 잘못하면 그렇게 화가 날수 있으니까 항상 조심하는데 그래도 어떤 거는 피할 수 없는 거 같아요. 제가 말씀드렸듯이 제가 계속 ○○○의 집에 [도망 와서] 있어도 겁이 나잖아요. 왜냐면 남편이 그 집도 알고. 혹시 찾아오면 제가 어떻게 하겠는가… 그런 생각도 많이 하고.

한국 여성들은 보다 더 구체적으로 그들이 경험한 두려움에 대해 묘사할 수 있었다. 결혼이민여성들과 비교해서 한국어를 자유자재로 구사할 수 있는 점이 보다 더 풍부한 구두 자료를 제공하는 데 기여했다고 생각된다. 다음 인터뷰 내용은 이 여성들이 얼마나 남편을 무서워하면서 결혼 생활을 했는지 여실히 드러내 주었다.

평상시에도 그렇죠. 남편이 항상 편안한 상대는 아니죠. 항상 긴장되고. 그냥 베이스에 깔려있는 것 같아요. 그냥 무섭다. 잘해줘도 저 사람이 언제 또 불같이 화를 낼까. 긴장감? 묘한 긴장감이 있어요. 항상 사람을 긴장하게 만들고 불안하게 만드는 것 같아요. (한국 여성 3)

가슴이 막 철렁철렁 하고 뭔지 모를… 되게 답답해요. 소름이 쫙 돋아요, 평상시에도요. (한국 여성 9)

남편 올 시간만 되면 이게 심장이 진정이 안 되가지고 부정맥, 이렇게 왔었거든요. 그러니까 밥을 못 먹었어요. 같은 상에서 밥을 못 먹는 거야. 그리고 들어올 시간만 되면 심장이 터질 것처럼 막 진정이 안 되더라고요. (중략) 남편이 뭐 얘기만 하자고 그러면 여기 닭살이 확 돋는 거예요. 이제 그런 게 본인 눈에 보이니까 처음에는 무시하더니, 이제 [내가] 바르르 떨고, 이게 떨려요 그냥 너무 무서워서. 싫고. (한국 여성 12)

아저씨가 코골고 잘 때까지는 자는 척하면서 들어야죠. 아저씨가 칼을 찾는 소리인지 아니면 그냥 화장실 가려고 나오는 소리인지… 눈 감으면서 오만가지 생각을 다해야 되죠. (중략) 언제 돌변할지 모르니까 그냥 싫어요. 평상시에도. (한국 여성 14)

너무 스트레스였어요. 숨이 막혀서 못살겠더라고요. 숨이 막힐 것 같아. 남편만 올 시간이 되면 벌써 가슴이 두근두근 막 떨려요. 어떻게 할지를 모르겠어요. (중략) 겁이 났던 것 같아요. 너무 무서웠어요. 그만큼 제가 남편을 무서워했어요. 똑바로 보지도 못하고. 싸운 게 아니라 저는 겁에 질렸던 것 같아요. (한국 여성 18)

2) 물리적 폭력

공통적으로 배우자테러를 경험한 여성 대부분은 극심한 물리적 폭력의 피해자들이었으나, Johnson이 언급했듯이 이들이 경험한 폭력의 정도나 빈도가 늘 높은 것은 아니었음을 알 수 있었다. 먼저 결혼이민여성들의 폭력 피해 경험을 몇 가지 살펴보면 다음과 같다.

그래서 [내가] 핸드폰 빼앗아가지고 그래가지고 남편이 열받아 가지고 홧김에 폭력을 해가지고 머리 몇 바늘 꿰매고… 그랬어요. (중략) 멍들고 어떨 때에는 사람이 숨넘어가게 때리고 그렇게 때린 적도 있고요. (중략) 제가 피날 정도로 머리에 피날 정도로 때리니까 제가 생각했어요. 내가 이렇게 살면 이렇게 맞아 죽을 수도 있다는 생각이 들었어요. (결혼이민여성 1)

갈비뼈 부러지고, 팔도 부러지고, 구두로 차고, 허리띠, 12시에도 못 자게 해요. 남편이 정신이 이상한 것 같아요. (결혼이민여성 2)

막 때리잖아요. 이렇게 막 때려. 배를 막 때려요. (결혼이민여성 6)

[내가] 방안에 들어오면 소리치고 물건 던지고 몇 번 때렸어요. 1년 동안 계속 때려요. 나 위에 올라가서 머리카락 뽑고, 만지고 밀고, 자꾸 때려요 요즘은. (중략) 두 손으로 목 조르고. 얼굴에 뺨 맞고, 손들어 빵하는 거, 손들라고 하고 주먹으로 때리고. (결혼이민여성 7)

다음은 한국 여성들이 남편으로부터 경험한 물리적 폭력의 사례들이다.

제가 또 말대꾸를 하잖아요. 그러면 그때 이제 밀치거나 때리거나 그러죠. 뺨을 때리거나 목을 치거나, 턱을 치거나 그렇게 하고 막 그러는데 (중략) [내가] 자기한테 태클을 걸잖아요. 그럴 때 굉장히 강도가 세졌죠. 예를 들어서 몽둥이 같은 거 있잖아요. 그런 걸로 치기도 하고 때리기도 하고 발로 차기도 하고 짓밟기도 하고 그랬던 것 같아요. 여자 외도관계 때문에 싸움이 일어나면, 거의 뭐… 그니까 한 3년 동안은 제 몸에 멍이 가시지를 않았던 것 같아요. 멍이 들어서 가실 만 하면 또 매질하고 뭐 이런 식으로 때리고 그러니까… 한 3년 동안은 그런 것 같아요. 최근에는 더 많이 심해졌어요. 가끔 내가 분노를 표출을 하잖아요, 그러면은 자기가 못 견디고 막 목을 조르거나 그러죠. 때리거나. 발로 차거나. 좀 심하게 했을 때는 한 번 발로 얼굴을 차서 눈이 퉁퉁부었고, 피도 올랐던 것 같고… 그래요. (한국 여성 3)

… 뒤에서 막 이리와보라고 해서 가니까 라이터로… 호주머니에 갖고 있잖아요. 라이터 뒤꽁무니 있잖아요. 그거를 가져다가 눈을 콕 찍어요. 그러면 앞이 안 보여요. 그래가지고 나가려고 했더니 문을 콱 잠궈요. 이렇게. 꽉 잠구고 머리 잡았으니까는… 꼼짝도 못하죠. 그리고서 라이터로 눈을 찔러가지고요. 아프다고 놔라고 했더니 놓지를 않아요. 눈을 찔러가지고 있잖아요. 일로 돌려버려요. 이렇게. 그거는… 인간이 아니에요. (한국 여성 10)

코피, 뭐 코피도 나기도 하고, 갈비뼈, 목, 목도 이렇게 삐끗한 적 있고, 갈비뼈도 나간 적 있고. 여기 눈에, 봉이 있어요 플라스틱 봉 긴 거 애들이 호신술 사용할 때 하는 그 봉을 던져가지고 제가 여기 찢어진 적이 있거든요? 뭐 피가 철철 났죠. 그런 것도 있고. 멍든 거는 뭐 거의, 많고. 골절, 뭐 손, 다리. (한국 여성 11)

칼이랑, 아니면 빨래 건조대 있어서 그거 부셔서 쇠몽둥이 하나 만드는 거고. 그럼 그래요. "경찰이 빨리오나 네가 먼저 죽나 한 번 해볼래." (한국 여성 14)

얼굴만 때려요. 정말. 근데 그 후로도 때리는데, 어떻게 때리냐면. 자주는 아니에요. 자주는 아닌데, 겁을 주는 거잖아요. 겁을 주고, 욕을 너무 심하게 해요. 때리는 거는 가끔 때리는데 그렇게 심하게는 안 때리는데, 꼭 눕혀 놓고 저를 눕혀 놓고 팔다리 못 움직이게 저를 제압을 해 놓고 뺨을 때리는 거예요. 그런 식으로 때려요. 그렇지 않으면 이 머리를 톡톡 치는 거 있잖아요. 근데 그게 너무 모멸감을 느껴요. 너무 그게 정말.. 글쎄요.. 모르겠어요. 남들은 어떤지 모르겠는데, 저는 그 때 정말 죽고 싶었어요. 너무나. 너무 치욕스럽잖아요. 그걸 말로 표현을 못 하겠더라고요. (한국 여성 18)

이미 남성이 압도적으로 주도권을 행사하면서 부인을 통제하고 있는 맥락에서 이와 같은 물리적 폭력이 발생할 때 여성의 두려움은 극대화되고 폭력이 미치는 영향 또한 다음 장에서 다룰 상황적부부폭력과는 매우 다르다. 따라서, 배우자테러의 맥락에서 발생하는 물리적 폭력은 단순한 갈등 해소를 위한 상황 선택이나 분노 조절의 불가로 일어나는 폭발 행위로 바라보아서는 안 된다.배우자테러폭력은 남편 주도적인 권력구조 및 남편의 통제 욕구와 이를 충족시키기 위한 행위들이 축적되어 형성된 맥락에서 이루어지는 결혼 생활에서의 폭력이다. 이 점을 고려할 때, 통제 욕구를 충족시키기 위해 폭력을 도구적으로 사용했는가와는 관계없이 물리적인 폭력이 다른 통제 행위들과 더불어 결과적으로는 부인을 더욱 통제하는 데에 기여하는 전략적 도구의 역할로 이해하는 것이 적합하다. 본 연구의 결과는 물리적 폭력을 이해하려는 시도가 반드시 그 맥락적 배경, 즉 부부권력 구조와 통제 행동 여부 등에 대한 이해를 동반해야 함을 시사한다.

3) 배우자테러의 영향

배우자 폭력이 피해자에게 미치는 부정적인 영향은 이미 많은 학자들이 연구해왔지만, 본 연구에서는 폭력의 이러한 부정적인 영향을 배우자테러와 상황적부부폭력으로 나누어서 살펴본 데 그 의의가 있다. 같은 물리적 폭력이라도 폭력이 뿌리내리고 발생하는 맥락적인 배경에 따라서 피해자에게 미치는 영향이 다르게 나타날 수 있기 때문이다. 본 연구에서 배우자테러를 경험한 피해 여성들에게 나타난 폭력의 영향은 다음 장에서 논의할 상황적부부폭력의 피해 여성들에 비해서 상당히 극단적이고 절실했다. 이들 대부분은 극심한 우울, 수치심, 불행, 억울함 등 극도로 불안정한 감정들을 경험했거나 현재 경험하고 있었다. 배우자테러의 피해 결혼이민여성들은 대부분이 우울증 약을 복용하고 있거나 인터뷰 도중에 심리적으로 불안정한 감정을 감추지 못하는 등, 언어적인 한계로 그들의 감정 상태를 한국 여성들처럼 정확하게 표현해내기는 어려웠으나, 배우자테러의 결과를 그대로 나타냈다.

> 굉장히 죽고 싶다, 수치스럽고, 나는 쓸모없는 인간이다. 죽어야 되니까. 그런 생각을 많이 했던 거 같아요. 우울증이죠. 심하게 왔었어요.

사람들 만나는 것도 두려웠고, 만나면서 말 꺼내는 것도 굉장히 무서웠고… 어떻게 보면 [내 직업의 특성상] 좀 활발하고, 믿을 수도 있어야 되고, 자신감도 있어야 되는 ○○○이 말이 없고… 그거에 대해서 굉장히 스트레스 받고, 더 우울증이… (한국 여성 11)

항상 그 생각은 있어요. 삶이 행복하지 않다라는 생각이 많이 있어요. 그래서 항상 그랬던 것 같아요. 결혼하면서부터 지금까지 쭉 그냥 그런 생각은 베이스에 깔려 있는 것 같아요. 별로 살고 싶지 않다. 그냥 죽고 싶다. 뭐 그런. 그런데 이제 이런저런 이유로 지금까지 살아오는 거죠. 자신감 같은 게 많이 결여되어 있죠. 그런 거 많이 누르니까. 그 다음에 그.. 뭐라 그래야 하나. 긍정적이지는 않죠. 모든 게 인생이. 삶에서 즐겁지는 않은 것 같아요. 항상 우울해 있는 것 같아요. (한국 여성 3)

근데 불안해지거나 겁이 나는 거는 이젠 안보니까 그건 괜찮은데. 아직도 분한 게 있고 좀 제가 정서적으로 안정이 안 되고 그래요 조금… (중략) 인생 자체가 자신감이 없고 남에게도 부끄럽고 제가 모멸감을 느끼고 혼자서 자괴감 같은 것도 와가지고 내가 왜 이렇게 되었을까, 나는 억울하다 이런 생각이 많이 드는 거 같아요. (한국 여성 1)

주눅이 들었어요. 그 전에는 제가 어떤 선택을 하고 결정을 하고 그럴 때 거리끼거나 머뭇거리지 않았는데 이런 상황을 겪으니까 정말 아무것도 할 수 없는 상태… 그러니까 뭘 결정하고 행동하는 게 두렵고 주눅이 들고. 자신감이 많이 떨어진 것 같아요. (한국 여성 8)

배우자테러의 피해 여성들은 남편을 향한 극도의 살인적인 미움을 품고 있었다. 그들의 말 속에는 남편의 일방적인 폭력과 통제가 얼마나 그들에게 괴로운 현실이었는지에 대한 긴박함과 절실함이 고스란히 녹아 있었다.

> 진짜 제가 이랬어요. 하나님, 저 사람을 죽이지 않을 거면, 나를 데려가 달라고. 저 사람이 가다가 교통사고로 죽었으면 좋겠다. 아니면 정말 일하다가 나쁜 사람한테 칼에 맞아서 죽었으면 좋겠다고. 진짜 그런 얘기했어요, 저는. 정말 하나님 저 사람 안 데려가려면 차라리 나를 데려가라고. 나 좀 데려가 달라고 막. 그러고 막 하소연하고 운 적도 많아요. 그렇게 하고.. 많아요··· 네··· 제가 미쳐가는 거죠 이젠. 미쳐가는 거예요. (한국 여성 18)

> 새벽에, 새벽에 전화가 오면, 아 이거 남편이 죽었다는, 확인하러 오라는 전화였으면 좋겠다. 그런 생각 많이 하고, 이제 눈이 많이 온다 이렇게 보도가 나요. 그러면 이제 길 미끄러워져서 죽어라, 엄청 많이 했어요, 빌고 막 제발 죽어라 죽어라. 그리고 뉴스에 어디 사고 났다 그러면 남편 이름 아닌가 눈여겨보고. 그런 거 되게 많이 했어요. 그리고 제가 이제 시댁에 남편하고 제 차를 끌고, 제가 운전을 하고 남편이 옆에 있으면, 저기 가로수에 그냥 박을까, 이런 충동도 많이 들고. (한국 여성 12)

결혼이민여성 2는 부인의 불륜을 의심한 나머지 급기야 자신을 폭행하고 어린 두 딸을 살해한 남편을 용서할 수 없다고 말하며 "사형시키고 싶다"고 표현했다. 결혼이민여성 6의 경우, 폭력 남편으로부터 결혼한 지 3개월 만에 도망쳤으나 아기를 출산한 후 남편은 그녀에게 다시 들어와서 함께 살 것을 제안하였다. 만약 그렇지 않으면 아기를 그녀로부터 빼앗아 가겠다고 한 것으로 추측된다. 그녀는 다시는 죽어도 남편과 같이 살기를 원치 않았다. 그리고 아이를 빼앗길까봐 극도로 불안한 상태였다. 그녀는 서툰 한국어로 울며 절규했다.

> 남편 빼고, 애기 없으면 못살아요. 그렇게 얘기했어요. "안 돼. 그 집에서 같이 살아야 해." 근데 못해요. 계속 살면 머리 너무 힘들어요. 애기 빼면 진짜 못 사니까. 무슨 생각도 못해. 애기 안고 죽고 싶어. 애기 죽으면 저도 같이 죽어, 저 애기 빼면 못살아요. 근데 그것 때문에 죽고 싶어!

이처럼 배우자테러의 피해 여성들은 남편의 폭력과 통제로 인해 남편을 죽이거나 자신의 죽음을 생각할 만큼 처절하게 결혼 생활을 이어나갔으며, 또 그 상황 속에서 극단적인 심리 상태를 경험했거나 현재 그 상태가 유지되고 있음을 알 수 있다. 이 여성들의 대부분은 남편의 통제와 폭력으로 자유와 권리를 박탈당하고 그러한 현실을 자포자기하고 수긍하거나 자신 스스로를 탓함으로 우울증을 겪는 등 한때 무기력함에 있었던 것도 사실이다. 그러나 결국에는 남편의 통제와 폭력을 스스로 떠남으로써 자신들의 삶의 적극적인 주체로서의 역할을 수행하였다. 특히 결혼이민여성의 경우, 언어나 문화적인 지식, 그리고 사회적지지망의 결여로 사회적으로 혜택 받지 못한 위치에 있으면서도 결단력과 추진력을 보였다는 것은 주목할 만하다. 서구의 학자들은 미국에 거주하는 이민계 동양 여성들이 다른 여성들보다 배우자 폭력에 도움을 청하거나 배우자를 떠나는 것이 상대적으로 힘들다고 지적하면서 이를 그들의 사회문화적 자원의 결여와 주류 사회와 그 자원으로부터의 고립, 그리고 동양문화권의 보수적인 가족가치관이나 성역할관을 들어 설명한다(Rai & Choi, 2018). 그러나 이와 같은 설명이 가진 한계점은 폭력을 배우자테러와 상황적부부폭력으로 구분하지 않고 있기 때문에 배우자 폭력 피해 여성들의 경험을 단순화시키고 일반화시키는 오류를 범하고 있다는 것이다. 물론 사회문화적 자원의 부족은 여성이 주체적으로 폭력적이고 통제적인 남편을 떠나는 데 장애물로 작용할 수 있다. 본 연구 결과는 그러한 방해 요인들에도 불구하고 남편을 떠날 수 있도록 결혼이민여성들에게 결정적인 동기 부여를 한 것은 극심한 통제와 폭력의 조합이었을 것임을 시사한다.

2. 상황적부부폭력: 결혼이민여성과 한국 여성의 경험 비교

Johnson에 따르면 상황적부부폭력은 상대 배우자를 전반적으로 통제하거나 지배 혹은 조종하려고 하는 의도 없이 발생하는 폭력이다. 배우자와의 관계에서 어느 한 사람이 주도권을 잡고 있기보다는, 양쪽 모두 동등한 권력을 갖고 있지만 어떤 갈등 상황이 생겼을 때 상대방을 향한 불만과 분노의 감정이 폭력적으로 표출되거나, 혹은 갈등 상황을 자신이 원하는 방향으로 통제 혹은 해결하기 위한(다시 말해서, 그 상황 속에서 만큼은 상대방을 제압하고 싸움에서 이기기 위한) 수단으로 폭력을 사용하게 되는 경우다. 이는 상대방을 전적으로 통제하거나 지배하려고 하는, 또 자신이 소유하고 있는 권력의 정도를 상대방에게 가르쳐 주겠다는 의도와 욕구가 밑바탕에 기본적으로 깔려 있는 배우자테러와는 그 발생의 맥락이 근본적으로 다른 폭력이다. 본 연구에 참여한 한국 여성 19명 중 6명과 결혼이민여성 17명 중 9명의 여성이 상황적부부폭력을 경험하는 것으로 나타났다.

1) 결혼의 맥락적 특성

(1) 결혼 배경

배우자테러와는 대조적으로, 상황적부부폭력의 피해 여성들은 (한국 여성 5, 결혼이민여성 15, 17을 제외한 모든 여성들) 현재 결혼 생활을 유지하고 있었다. 대부분 혼전임신이나 동거가 결혼으로 이어졌던 배우자테러와는 달리 상황적부부폭력을 경험하고 있는 한국 여성들은 남편과 짧게는 1년 반에서 길게는 6년간의 교제를 거쳐서 결혼하였다. 또한, 배우자테러의 피해 결혼이민여성들 대부분이 결혼중개업체를 통해서 혼인했던 반면에, 상황적부부폭력의 피해 여성 9명 중 단 1명만이 결혼중개업체로 결혼했다. 나머지는 연애결혼(결혼이민여성 5, 9, 11, 12)이거나 종교단체를 통해(결혼이민여성 13, 14, 17) 결혼하였다. 결혼이민여성 5는 이혼 후 취업하기 위해서 한국으로 이주한 후 몽골 교회를 다니고 있었는데 그 곳에서 현재 한국 남편을 만났다. 남편은 초혼이었는데 몽골 여인과 결혼하고 싶어서 인터넷에서 보고 그 교회를 다니기 시작했다고 한다. 두 사람은 6-7개월간의 연애 끝에 결혼하였다. 결혼이민여성 9, 11, 12는 전형적인 연애결혼이었다. 중국에서 대학졸업 후 한국회사에서 일하고 있던 결혼이민여성 9는 그녀의 친오빠와 친분이 있던 현재 남편 외삼촌의 소개로 남편을 중국에서 처음 만났다고 한다. 한국으로 돌아간 남편과 2년 넘게 편지와 전화로 연애하다가 1997년도에 결혼했다. 결혼이민여성 11 역시 직장 때문에 한국으로 파견왔다가 식당을 운영하던 현재 남편과 만나서 1년 만에 결혼하였다. 결혼이민여성 12는 중국에서 유학 중이던 현재 남편을 우연히 만나 4년간의 장거리 연애 후 2004년에 결혼하였다. 결혼이민여성 13, 14, 17은 통일교에서 주선한 맞선을 통해서 혼인한 경우다. 일본 출신인 이주여성 13과 14는 결혼이민이 흔치 않던 1988년도와 1995년도에 각각 입국하여 현재 남편과 혼인하였다. 그들은 독실한 통일교도로, 통일교를 창시한 지도자가 한국인이므로 한국 남성과 혼인하는 것을 종교적인 사명으로 생각하고 결혼하였다고 한다. 반면에 필리핀 출신인 결혼이민여성 17은 숙모의 권유로 외국인 남성과 혼인하기 위하여 통일교 맞선 프로그램에 참여하였고 그곳에서 지금은 이혼한 한국인 남편을 만나서 결혼하였다. 중국 출신인 결혼이민여성 8은 중개업자를 통해서 현재는 이혼한 한국인 남편을 만났고, 러시아 한족 3세인 결혼이민여성 15는 사별 후 한국으로 이주하여 4년 동안 거주하던 중 러시아 고향 친구의 소개로 현재 이혼 소송중인 한국인 남편을 만나서 재혼하였다. 알고 보니 그는 여섯 번째 결혼이었다고 한다.

이와 같이, 배우자테러의 경우와는 대조적으로 상황적부부폭력 피해 결혼이민여성들의 결혼 배경은 다양하였고 처음 이민의 목적이 대부분 한국 남성과의 결혼을 목적으로 했거나 남편의 경제력을 의존하여 이루어진 이민이 아니었음이 눈에 띈다. 이러한 결혼 배경은 그들의 부부 권력 구조와도 밀접한 관계가 있었다.

(2) 부부 권력 구조

배우자테러의 피해 여성들이 남편 중심의 부부 권력 구조 속에서 남편의 눈치를 보거나 남편을 두려워하고 기본적인 권리나 자유를 박탈당했다면, 상황적부부폭력의 피해 여성들은 상대적으로 부부간 권력이 균형된 구조 속에서 자유로운 결혼 생활을 하였다. 남편이 중요한 일들에 결정을 내리는 편이라면 사소한 일상적인 부분에 있어서는 부인이 자유롭게 결정하거나(한국 여성 5, 15, 결혼이민여성 5, 8, 15, 17)

모든 일을 서로 상의해서 함께 결정하거나(한국 여성 6, 결혼이민여성 12), 아니면 남편이 모든 일을 여자에게 맡겨서 여자가 알아서 모든 결정을 내리고 집안일을 주도하는 경우도 있었다(한국 여성7, 결혼이민여성9, 13, 14). 한국 여성 5는 대학을 졸업하자마자 사회적으로도 경제적으로도 안정된 남편과 결혼하였고 자연스럽게 남편이 돈 관리 및 모든 결정을 도맡아 하는 구조로 자리잡았다. 이외에 돈 관리를 부인과 남편이 함께 했던 결혼이민여성 12와 남편이 생활비를 늘 모자라게 주었던 결혼이민여성 15를 제외하고는 여성들의 대부분이 돈/생활비 관리를 자유롭게 담당했다(한국 여성 6, 7, 15, 결혼이민여성 8, 9, 11, 13, 14). 결혼소개소를 통해서 결혼한 결혼이민여성 8도 배우자테러를 경험했던 결혼이민여성들과는 다르게 결혼 비용을 여성이 지불하고 이주하자마자 취업하여 무능력한 남편과 시어머니를 먹여 살리는 등 경제적으로 남편에게 의존적인 결혼 생활을 하지 않았다.

배우자테러 남편들이 자신들의 경제력과는 상관없이 권위적이고 철저하게 권력을 주도하는 타입인 반면에, 상황적부부폭력 남편들의 성향은 매우 달랐다. 상황적부부폭력을 경험한 모든 한국 여성들이 평상시 남편이 집안에서 권위적으로 행동하냐는 질문에 대해 그렇지 않다고 답했다. 그것은 결혼이민여성들도 마찬가지였다. 그러나, 한 가지 흥미로운 사실은 남성들 대부분이 권력을 장악하려는 직접적인 행동을 보이지는 않았지만 권력에 대한 욕구를 가지고 있었다는 점이다. 그리고 어떤 경우 그 욕구를 드러내기도 하고, 그 욕구가 제대로 충족되지 않는 것에 불만을 표시하기도 하였지만, 그러한 욕구가 직접적인 통제 행동으로 연결되지는 않았다. 남편이 권위적이냐는 질문에 결혼이민여성 11은 이렇게 대답했다.

[권위적으로] 그렇게 하고 싶은데 그게 안 되니까 힘든 거겠죠. 그렇게 하고 싶어 해요. 저는 권위적이고 그런 거 싫거든요. 남녀가 똑같아야지 왜 권위적이에요? 그런 것도 문화차인 것 같아요. (중략) 농담으로 그런 얘기를 해요. 하늘 같은 남편을 뭘로 알고… 그냥 저는 또 맞춰주면 되는데 또 제가 한마디 또 하죠. 하늘 같아야 하늘 같이 하지. (웃음)

한국 여성 15 역시 남편이 권위적으로 행동하는 것은 없지만, 자신을 "하늘처럼 섬기고 떠받들어"주지 않는 것에 대한 불만을 표시하며 때로는 와전되어 다툼으로까지 이어졌다고 한다. 남편이 왜 폭력을 썼다고 생각하냐는 질문에 배우자테러를 경험한 많은 여성들이 설명을 해보려고 노력하다가 결국엔 잘 모르겠다고 대답했던 반면, 상황적부부폭력의 피해 여성들의 대부분은 남편의 자존심이 상한 그 순간 남편의 폭력성이 나타났다고 대답했다. "자기의 약점을 건들고 성질을 돋구니까" 부인을 때렸던 한국 여성 7의 남편, "조목조목 남편의 잘못을 짚을 때" 폭력적인 반응을 보였던 한국 여성 5의 남편, "얘가 날 무시하는구나" 느꼈을 때 부인에게 손찌검을 하고 "네가 안 대들었으면" 이런 일이 없었을 거라고 말하는 한국 여성6의 남편, "[내가] 애기 아빠 욕하니까, [남편이] 능력이 없는 것에 대해서 그런 말" 때문에 화가 나서 물건을 던진 결혼이민여성 13의 남편, "제가 말도 많이 하고 [남편이] 못 이길 것 같다는 느낌" 때문에 부인을 폭행했던 결혼이민여성 14의 남편 등, 이들은 평상시에 자신들의 권위를 세우거나 권력을 장악하려고 하지는 않았지만, 갈등 상황에서 부인이 자신을 탓하거나 무시한다고 생각될 때, 즉 자신의 남성성이 위험에 처한 상황에 대한 분노가 물리적인 폭력의 형태로 표출되었음을 추측할 수 있다. 상황적인 부부 폭력의 경우 여성들은 대부분 자신의 공격적이거나 무시하는 행동이나 말이 남편의 폭력성에 불을 질렀다고 생각하고 있었다. "내가 참았으면 되는데 못 참고 하고 싶은 말을 해버리니까"(한국 여성 5) 결국 갈등 상황이 폭력 상황으로까지 치달았다는 설명이었다. 폭력의 본질이 배우자를 통제하려는 의도와 욕구에 기반을 둔 배우자테러와는 달리 상황적부부폭력의 본질은 부부간 갈등 상황에서 부인과 남편 양방의 효과적이지 못한 갈등 대처 방식으로 인해 일어나는 상호작용의 결과로 이해될 수 있다. 한국 여성 6도 다음과 같이 말했다.

> 같이 욕을 하고 같이 맞장 서서 저도 같이 욕하고 그럴 때 화가 나기 때문에 이제 남자들은 손이 먼저… 아니면 만약에 한 쪽에서 막 욕하고, 남자 쪽에서 막 욕하고 그러면 여자는 그냥 가만히 있어야 되는데 제가 제 성격을, 같이, 막 같이 해 버리면 이제… (때리는 거죠)

연애결혼을 한 경우에는 결혼이민여성이 이미 결혼 당시 한국어를 어느 정도 구사하고 있었다. 그렇지 않은 경우에도 결혼이민여성 8은 중국 조선족이어서, 또 결혼이민여성 15는 한국에서 일을 하면서 한국어를 배웠고 어느 정도 한국 물정을 알고 있었기 때문에 배우자테러 피해 여성들처럼 사회문화적 자원의 결핍을 심각하게 경험하고 있지 않았다. 또한, 피해 여성들의 상당수가(결혼이민여성 9, 11, 12, 14) 대졸 이상의 학력을 소지하면서 전문적인 분야에서 종사하고 남편보다 높은 경제력을 갖고 있었다. 결혼이민여성 9와 11의 경우 친정 식구들이 한국으로 이주해서 가족 간에 왕래가 잦았고 경제적으로도 부부에게 도움을 주는 등 배우자테러의 피해 여성들과 비교했을 때 사회지지도가 현저하게 높음을 알 수 있다. 고학력자인 결혼이민여성

12 역시 외손녀들이 나중에 중국으로 공부하러 올 것을 준비하여 중국에 계신 부모님이 방 3개짜리 집을 사주시는 등 친정의 경제적 지원이 있었다. 이러한 요인들을 고려할 때 남편 중심의 부부권력 구조가 형성되었을 가능성은 희박해 보인다.

(3) 통제행동

배우자테러의 경우 남편 주도적인 권력 구조 속에서 행해진 남편의 통제 행동들은 여성들에게 위협적이었고 여성의 자유를 구속했다. 그렇게 함으로써 배우자테러 남편들은 자신들의 부인을 자기 마음대로 조종, 착취, 혹은 학대할 수 있었다. 상황적부부폭력은 앞에서 제시했듯이 동등한 부부 권력 구조 맥락에서 통제행동의 패턴 없이 발생하는 폭력이다. 본 연구에 참여한 여성들과의 인터뷰 내용을 분석한 결과 이들 대부분은 남편으로부터 통제를 경험한 적이 없었다. 그러나, 결혼이민여성 5, 8, 17 그리고 한국 여성 15의 경우 약간의 통제 시도가 감지되었다. 그러나, 그들 남편들의 통제 시도는 그 효과나 영향력이 거의 없었고 배우자테러에서 보여졌던 집요하고 체계적인 통제와는 매우 달랐다. 즉 남편의 통제 시도가 여성들을 두렵게 하거나 억압하거나 구속하지 않았다. 따라서, 이 남성들의 통제 시도는 권력에 대한 욕구나 남성성을 요구하는 제스처로 해석하는 것이 적합하다. 결혼이민여성 5는 남편을 무서워하는 것이 아니라 한심하게 여기고 속으로 무시하기까지 했다. 남편과 이혼하고 싶지만 체류문제 때문에 한국 국적을 취득할 때까지 참고 살고 있는 중이었다. 남편은 꼬치꼬치 캐묻고 잔소리를 많이 하는 타입인데 집안일을 도와주기도 하고 밥을 짓기도 한다. 남편은 일 년 중 반은 일이 없어서 집에 있고 나머지 반만 일을 하였다. 반면에 결혼이민여성5는 일 년

내내 일을 하면서 월세와 생활비를 부담했다. 결혼 초기에는 부인에게 다 맡기다가 이제는 자신과 부인의 수입을 자신이 관리하면서 부인이 필요하다고 하면 그때그때 돈을 준다고 하였다. 그녀의 남편이 통제 의도를 가지고 있음은 분명하나 부인이 남편의 통제 시도로 괴로움을 당하고 있지는 않았다. 결혼이민여성 17의 경우 남편이 부인을 의심해서 전화번호를 뒷조사하는 등 일시적인 통제 시도가 있었으나 이것이 패턴으로 발전되지는 않았다. 부인이 자신을 "머슴 부리듯 부린다"며 그것을 매우 싫어하는 한국 여성 15의 남편도 자신이 독서를 하거나 낮잠 자는 시간에는 식구들이 다 조용히 해야 하는 등 스스로 규칙을 정해놓았지만 부인이 늘 그 규칙을 지키는 것은 아니었다. 통제 의도와 시도는 있으나 그 효과나 영향력이 거의 없음을 알 수 있다.

> 저는 그러니까 나름대로 하려고 하는데, 그러니까 뭐 정말 텔레비전에 꼭 보고 싶은 프로가 있다거나 이러면 텔레비전 소리를 줄여놓고 본다거나 저는 이렇게 좀 차선책을 생각을 해서 한다고 하는데 제가 딱 본인이 얘기한 그거대로 지켜지지 않는다 이러면 이제 화를 내고. (웃음) 아니 그냥 저는 적당한 선에서 그냥 그냥 넘어가려고 하는 거 같아요. 그러니까 처음에는 다 해주려고 했는데 힘들더라구요(웃음). (한국 여성 15)

결혼이민여성 11의 남편도 부인이 자신을 "항상 무시한다는 생각을 많이 가지고" 있었다. 남편은 한 달이면 15일을 술을 마시고 와서 "광기"에 가까울 정도로 싸우고 화내고 기물을 파손하고 물건을 던졌다. 부인을 직접적으로 구타하지는 않았다. 남편이 무서우냐는 면접

자의 질문에 "한번도 그런 적이 없다"고 대답한 그녀는 다음과 같이 설명했다:

> 전에는 같이 싸우고 했는데, 이제는 내버려둬요. 저는 정리 정돈은 항상 깨끗해 있어야 하는데. 이튿날 아저씨가 멀쩡해져서 [물건 던지고 부신거] 치울 때까지 냅둬요. (중략) 저는 강심장이어서 상대방이 소리 지르면 더 지를수록 저는 더 힘이 나요. 지고 싶지 않아서 그럴까요?

인터뷰 내용을 통해서 알 수 있듯이 결혼이민여성 11은 남편의 폭력성을 목격하면서도 그를 전혀 두려워하지 않았다.

부부 권력 구조와 통제에 관한 결과를 종합해 볼 때, 한국 남성들은 부부 갈등 상황 시에 남자로서 혹은 가장으로서 부인에게 존중받고 대우받고 싶은 욕구를 소유하고 있음을 알 수 있다. 남성의 폭력적인 반응은 갈등 상황에서 이러한 욕구가 충족되지 않음으로 불쾌감과 분노가 상승되고 서로 소리를 지르고 심한 말이 오고가는 등 긴장감이 고조되는 시점에서 나타났다. 상황적부부폭력의 피해 여성들은 그 시점을 잘 알고 있었다. 그러나 그들도 이미 후퇴하기에는 감정이 고조되어서 멈추는 것이 힘들다고 했다.

2) 물리적 폭력

대체로 배우자테러적인 폭력을 감행했던 남성들은 자기가 원하는 대로 부인이 행동하지 않거나 자기가 하고 싶은 것을(예: 외도, 음주 등) 부인이 하지 못하게 하기 때문에 자기가 원하는 대로 부인이 행동하게끔 조종하기 위해서 도구적인 수단으로 그리고 일방적으로 폭력을 사용했다. 상황적부부폭력은 상대적으로 부부 상호적인 성격이 강했다. 일반적으로, 결혼 생활에 문제점이 있고 이에 대해 부인의 심한 잔소리나 언어적인 공격이 남편의 자존심을 건드리면서 서로에게 폭력적으로 반응하는 상황이 벌어졌다. 통제 수단의 하나로 폭력을 쓰기보다는 갈등 상황에서 서로 부정적인 감정이 고조되고 상대방의 적대적인 행동이나 언어에 반응하는 수단으로의 폭력임을 알 수 있다.

그렇다면, 여성들은 왜 알면서도 남성들의 자존심을 자극하고 갈등 상황을 만드는 데에 일조하거나 갈등 상황 시 남성의 분노와 폭력성을 유발하는 행동을 보이는 것일까? 인터뷰 분석 결과에 따르면 그것은 남편의 경제적인 무능력으로 가장의 역할을 제대로 감당하지 못하는 남편을 무시하는 속마음 혹은 무시하는 듯한 평상시 말투 등이 크게 작용한 것으로 보인다. 통일교도인 결혼이민여성 13은 결혼한 지 얼마 되지 않아서부터 남편이 사업에 실패하고 매일 술만 마시자 취업을 하여 가정 경제를 전적으로 책임지기 시작해 20년이 지난 오늘에까지 이르렀다.

> 처음에는 수입이 줄었으니까 제가 바깥에서 돈 벌어야겠다. 그런 식으로 나가서 벌었어요. 근데 점점점 아빠가 저한테 경제적으로 의지하는 거죠. 자기가 열심히 벌어야 할 텐데 자기는 술만 먹고 집에 있고 저만 바깥에 가서 공장, 여러 가지 일을 해서 한 달 먹고 사는, 돈 벌고 그렇게 계속 되는 거죠. 1년, 2년, 3년 그렇게. 경제적으로 제가 돈 벌기 시작하니까 제가 [남편한테] 경제적인 부분에 대해 제가 조금 하는 말이 많아졌어요. (결혼이민여성 13)

일본 출신의 결혼이민여성 14도 마찬가지로 경제적으로 무능력한 남편을 대신하여 자신이 더 취업 전선에 뛰어들어 생활비를 벌었다.

그니까 [남편이] 일 안 하고 저한테 용돈받고 뭐 할 때.. 제가 뭐 "능력 없다"라든지 뭐.. "능력도 안 되는데", 그런 능력 없는 거나.. 저는…. 그런 말해서.. 음.. 자존심 상할 때 제일 화내죠. 네.. [남편이] 사회적으로 그런 건 좀 못 되었으니까 제가 오히려 더 수입이 많잖아요? 그래서… 하면 안 된다고 알면서도 제가… (웃음) 말주변이죠… 제가 부드럽기가 힘들어요. 이렇게, 여보, 하면서 말해야 되는데 화내면서 말하면, 자존심 상하면 갑자기 그럴 때[때릴 때] 있어요. (결혼이주여성 14)

한국 여성 6은 6년간의 연애 끝에 남편의 성실함이 좋아서 결혼하였지만 결혼 후 남편의 일이 잘 풀리지 않았고, 현재는 다 그만두고 대리운전만 하고 있는 남편을 많이 "무시"하고 있었다. 이에 대해 한국 여성 6은 이렇게 말했다.

믿음직스럽지 않다고 해야 하나? 그냥 하찮게 보이고 그렇거든요. 능력 그런 거에, 그런 것 때문에 제가 그렇게 돼서. 마음을 먹고 대해서 그런 건지는 모르겠지만 그게 [가장으로서 능력] 크거든요. (중략) 그냥 보통, 평범을 저는 사실 제일 많이 추구하거든요. 근데 그거에 조차 못 미치니까. (중략) 저도 이제 누구 아빠가 정말 직장이 있고 그렇게 하면 정말 너무 좋겠다고. 나는 뭐 부자가 되고 이러고 싶지는 않지만 그냥 월급 따닥따닥 제 날짜에 돈 나와서 나는 가정 경제를 제가 한다는 거기에 맞춰서 어떻게 하고 이런 게 꿈이고. 뭐 주말 되면 애들이랑 - 돈 많이 벌어서 어디 놀러가고 이런 게 아니라 - 애들을 위해서 동네에서 자전거를 탄다든가 이런 게 저는 꿈이라고… (중략) 제가 아저씨를 되게 무시해요.

한국 여성 6도 언급했듯이 여성들에게 이상적인 결혼이란 남편은 경제적 책임을 지고 육아와 가사 노동을 여성이 맡는 전통적인 성 역할의 분배가 분명한 결혼이었다. 한국 여성 7도 그러한 결혼을 꿈꾸며 남편과 결혼하였다.

> 기숙사가 있어서 들어갔는데, 아빠도 시골에 계시고 언니들도 저기한테 외로운 거예요. 근데 언니가 애아빠가 집도 잘 살고 저기 하니까 소개를 시켜 준 거예요. 그래서 이제 만나고, 외로우니까 또 이제.. 4년을 일을 하니까 일이 하기 싫더라고요. 그래서 좀 의존을 했어요. 처음에 결혼할 때. 좀 집에서 애 키우고 나는 가정을 예쁘게 가꿔야 되겠다 그런 마음으로 결혼을 했죠. (한국 여성 7)

그러나 남편의 경제적 무능력은 그들로 하여금 그 꿈을 포기할 수밖에 없는 상황으로 이끌었다. 자신의 남편이 가장으로서 마땅히 감당해야 할 경제적 책임을 다하지 못한다는 점이 이 여성들로 하여금 결혼 생활과 남편에게 불만을 품고, 함께 협력해야 할 남편을 탓하고 무시하는 결과를 낳은 것으로 보인다. 전통적인 부부역할로부터의 이탈과 이로 인한 경제적인 어려움에 대해 여성들이 보이는 부정적인 반응은 선행연구에서도 발견된다. 경제 위기가 남편의 권위 상실감에 미치는 영향을 살펴 본 임인숙(2000)의 연구에서는 남편의 실업이 남편 본인이 인식한 권위 상실감보다 아내가 인식한 남편의 권위 상실감에 더 큰 영향력을 행사했고, 남편이 가장으로서 주도권을 제대로 행사하지 못하는 상황에 아내가 더욱 예민하고 민감하게 반응하는 것으로 나타났다. 경제적 어려움으로 남편이 가족부양자 역할을 제대로 수행하지 못하는 상황은 높은 부부갈등 및 낮은 결혼 만족도와 통계적으로 유의미한 상관관계를 보였다.

그렇다면 한국 남성들의 자존심을 상하게 하고 그들의 존중받고 가장으로서 대우받고 싶은 욕구를 깨트리는 부인의 무시하는 말과 행동의 중심 유형들을 살펴보겠다. 가장 보편적인 유형은 남편을 비판하고 탓하는 말투로 공격하는 것이었다. 무엇 때문에 다툼이 폭력으로까지 발전하게 되는지 묻자 여성들은 다음과 같이 설명했다.

제가 말도 예쁘게 하고 이러면, 살림도 잘 도와주고 가사일도 같이 하고 그러는데.. (중략) 작년 같은 경우는, 근데 그거를 회사 다닌 지 한 석 달 됐는데 그렇게 잘려서 들어왔더라고요. 지금이라도 만약에, 지난 얘기지만, 지난 얘기 하는 거는 누구나 다 싫어하지만. 그래도 가끔가다가 매일 뭐 잔소리하는 것은 아니지만 그래도 좀 부딪치다가 갑자기 가정 경제가 좀 어려워져서 뭐 돈이 적자라든가 그럴 때 예전에 그 회사 계속 다녔으면 좋았잖아, 얘기하면 화를 내는 거죠. 지나간 일을 왜 얘기하냐. 그럼 차라리 본인이 그거를 인정을 하고 그러게 그러면 다음에라도 그런 일 있으면 내가 꾹 참고 다니마 이렇게 얘기를 하면 사실 크게 싸움이 되거나 내가 상대방을 생각할 때 또 틀리게 생각을 하는데, 그러지 않고 뭐 잠깐이라도 옛날 얘기를 비춘다거나 하면. 꼭 끄집어낼 기회가 있잖아요. 그러면 뭐 욕을 한다거나 그니까 욕을 되게 많이 해요. 그것도 언어폭력이잖아요. 욕을 많이 해요. 막 다른 사람이 소리지르는 것보다 우리 아저씨가 소리지르면 열 배로 기분이 나쁘고, 욕을 먹으면 막 백배로 기분이 나쁘고 그래요. (한국 여성 6)

제가 말을… 그니까 평소에는 되게 나긋나긋하고 좀 애교도 있는 편이고 이런데, 싸우거나 하면 굉장히 차갑게 변하거든요. 그리고 막 욕을 하는 건 아닌데 좀 제가 상처 주는 말을 많이 하는 것 같아요. 저는 말로써 그렇게 하는 거고 이 사람은 말로 그렇게 하지를 못하니까 처음에는 물건을 집어 던지다가 이제 너무 화가 나면 저한테 와서 그렇게 하는 거죠. 근데 저도 막 이렇게 가만히 맞고만 있는 게 아니라 같이 막 대응하려고 처음에는 막 실랑이를 하니까 그래서 좀 싸움이 커지는 것 같아요. (중략) 평소에는 굉장히 제가 존경한다고 할 정도로 잘 따르고 이 사람이 이렇게 하자 그러면 당신 말이 맞는 것 같다고 다 수긍을 하는 편인데, 싸울 때는 그게 아니라 뭐 오빠가 그러니까 이렇게 된거지. 이런 식으로.. 처음에 상황 판단을 잘했어야지 이런 식으로. 그런 류의 얘기를 하거든요? 당신의 판단이 다 잘못된 거다. 그걸 믿었던 게 내가 실수였던 것 같다, 뭐 이렇게 자존심에 상처를 많이 입는 것 같아요. 원래 그렇잖아. 당신이 원래 그렇잖아, 뭐 그런 식으로 얘기를 하거든요. (한국 여성 5)

때리면 옛날에는 대들었는데, 옛날에는 진짜… 속물적인 말로 맞짱을 떴죠. 내가 져도. 내가 더 맞아도. 이까지 다 나갔었거든요. 어금니가 다 나갈 정도로 제가 맞았었으니까. 자기 성질을 돋구니까 그렇겠죠. 정말 자기 저기를 딱 잡아가지고… 정말 그 약점을 잡아서 얘기를 하니까. 제가 이제 큰 소리치면 더 못하게 하려고… 한 대 때리면 저도 때리고 그러니까… 저 사람은 이제 남자니까 힘이 있으니까 더 맞게 되죠. (중략) 그때그때마다 틀리는데, 제가… 제가 봤을 때 남자들은 말이 짧고 임기응변이 강한 것 같아요. 말을 많이 뱉는 것 같아요. 그래서 더 커졌던 것 같아요. 제가 이렇게 저기하면 참고 그래야 되는데, 그런 것도 있는 것 같아요. 제가 조목조목 따졌던 것 같아요. 그래서 싸움이 더 커지고, 안 커질 것 같은 것도 커졌던 것 같아요. 저한테도 문제가 있죠. 남편한테만 문제가 있는 게 아니고. (한국 여성 7)

두 번째는 아내의 냉담하거나 무관심한 반응이다.

이제 신랑이 막 화가 나서 이제 성격이 급하니까 막 이렇게 쏟아놓는 편인데 그렇게 막 이렇게 말을 하고 있으면 제가 이제 듣기 싫게 중간중간에 말대답을 안 하고 이제 뭐 뭘 물어봤는데 바로 대답이 안 나온다거나 뭐 맞장구를 안쳐준다거나 이러면 인제 내 말을 무시하고 있느냐 이런 식으로 화를 내는 거죠. 그런 식의 패턴이었던 거 같아요. (한국 여성 15)

세 번째는 부인의 부부관계 거부였다. 이 부분은 연구자가 따로 질문하지 않아도 참여자가 스스로 정보를 나눌 경우에만 그 내용을 수집하였다. 참고로, 결혼이민여성 참여자 중에는 아무도 부부 관계에 언급을 하지 않았다. 부인의 관계 거부는 부인이 남편을 무시하거나 거부하는 것으로 남편에게 받아들여졌고 이는 부부관계의 악화를 촉진시키는 역할을 했음을 알 수 있다.

한국 여성 6: [부부관계가] 사실 맨 밑에 깔려 있어요. 우리 아저씨하고 저한테는… 저는 싫은 거고… 아저씨는 자존심이 상해하죠. 그 부분은.
면접자: 남자로서의 권위가 떨어졌다 그런 건가요?
한국 여성 6: 그런 것도 있고, 무시한다…라든가 그런 거를 이제. 너는 나를 뭘로 생각하냐 맨날 물어보고 그래요. 당신이 나를 무시하고 나를 뭘로 보냐.
면접자: 그래서 남자로써의 권위를 세우기 위해서 선생님께 폭력을 쓴다든지…
한국 여성 6: 그런 생각이 들지는 않았는데요, 그… 화가 나서… 너가 나를 무시하니까 너는 너, 그거에 분풀이가… 나를 이제 분풀이 상대로 그런 건 느끼거든요. 자기가 이제 그거에 대해 화가 나니까.

뭐 부부관계도 뭐 자기는 30대 피 펄펄 끓는 청춘인데 왜 뭐 한 달에 열 번은 해야지 왜 이것도 못하느냐 막 이런 말도 하구요(웃음). 그런 얘기도 하고 그래요. 다투기도 하구요. 그러니까 처음에는 진짜 많이 싸웠는데 이제 뭐 애기를 낳고 키우다 보면은 이제 밤 잠 잘 못자고 이제 피곤하고 그러면은 요구할 때 바로 응해주기가 좀 힘들고 그래서 거부하고 거절당했다고 굉장히 상처받고 그런 거 때문에 싸우기도 많이 싸우고 그랬었죠 (중략) 아내 역할을 충실히 못한다 이거죠. (한국 여성 15)

상황적부부폭력은 폭력의 강도나 빈도가 배우자테러와 비교해서 더 높은 것은 아니었으나 폭력의 범위는 경미한 폭행부터 치아가 다 부서질 정도의 심한 폭행까지 다양했다.

아니 그런 경우는 없고, 그냥 멍이 든 거는 있어서 제가 예전에 진단서를… 경찰에 고소를 했을 때 경찰이 진단서를 요구를 해서 진단서 끊었는데, 그냥 타박상이라고 그냥… 다른 거는… 저도 물론 제 입장에서는 제… 원래 자신이 처한 입장이 가장 힘든 거잖아요. 근데 요즘에 뭐 그런 교육받고 그런 거 보면, 되게 심한 사람이 있더라고요. 뭐… 그런 타박상. 멍든 거? (한국 여성 6)

화가 나거나 싸울 때마다 너무 화가 나면 물건을 집어 던졌어요. 뭐 이렇게 상처를 낼 만한 게 아니라 뭐 무슨 물분기 같은 거 조그만 거 이렇게 혼자서 화를 못 이겨서 막 바닥에다가 던지고 막 이러더라고요. 그렇게 하다가 조금 시간이 지나고 나서 그때부터는 몸싸움으로 싸우는 게 한 1년에 한 번 정도? 그렇게 됐던 것 같아요. (한국 여성 5)

제일 심할 때는 뭐 날라간다고 해야 되나 안경이 부러지고 멍들고…

저는 진짜 아픈데 그래도 진짜 힘으로 하는 건 아닌 거 같아요. 진짜로 때리면 저는 한 번에 죽으니까… 진짜로는 안 때린 거 같아요. 저는 당시에는 아팠지만… [남편이] 조절을 했던 거 같아요. 안경 부러지거나 뭐 물건이.. 아, 문이 푹 들어갔어요. 진짜 힘이 세서 놀랬어요. 문이 잠겨있었는데 주먹으로 때리니까 잠겨있던 게 부서져 버려서 못 잠그게 되었네요. 사람한테 하면 진짜 다칠 텐데 사람은 아니고 물건에… (결혼이민여성 14)

상황적부부폭력을 경험한 여성들은 대부분 일방적으로 폭력의 희생양이 되지는 않았다. 여성들은 남편이 자신을 때리면 자신도 남편을 물리적으로 공격했다고 말했다. 그래서 더 많이 맞을 때도 있었지만, 배우자테러의 피해 여성들과는 사뭇 다른 반응을 보임을 알 수 있다. 결혼이민여성 12와 14는 화가 나면 상처가 날 정도는 아니지만 남편을 먼저 때린 적도 있다고 말했다. 결혼이민여성 13은 남편이 무섭게 겁주고 하면 어떻게 하느냐는 질문에 "저도 화가 나가지고 저도 물건 던져요"라고 대답했다. 다음은 한국 여성 6의 응답이다.

아저씨 쪽에서도 자기도 피해자라 이거에요. 그니까 저희는 쌍방이 된 거죠. 서로 맞고 때렸기 때문에. 그치만 하지만 남자가 힘이 더 세기 때문에 사실 남자 몸에는 상처가 안 나지만 뭐 어쩌고저쩌고 사실 저도 뭐 핸드폰 뭐 부시고… 먼저 제 핸드폰을 부시고… 제가 경찰에 신고를 하려고 휴대폰을 들었는데 핸드폰을 던져서 깨뜨려 버리길래, 제가 이제 저희 아저씨 기계를 다 깨서… 대리운전할 때 쓰는 그 PDA 기계라든가 휴대폰 이걸 다 부셨어요. 그래가지고 아마 쌍방 고소가 들어간 것 같아요. 근데 이제 타박상은 저만 있었고… 그랬어요.

아무리 상호 폭력이라고 해도, 남성의 폭력이 더 강력하기 때문에 폭력 상해는 여자들이 더 많이 입게 된다. 따라서, 배우자 폭력에 대한 정확한 이해를 위해서는 폭력 빈도뿐만 아니라 폭력의 강도 및 상해 여부에 대한 정보까지 반드시 수집해야만 할 것이다.

상황적부부폭력의 특성 및 맥락은 결혼이민여성과 한국 여성 간에 크게 다르지 않았다. 한 가지 발견한 차이점은 결혼이민여성이 겪는 문화적 차이 및 한국인 남편의 인종차별적 발언이 폭력을 직접적으로 유발하지는 않았더라도 서로에 대한 기분 나쁜 감정, 오해와 불신, 실망과 미움이 쌓이게 하는 요인으로 작용되었을 수 있다는 것이다. 이는 국제이주 결혼의 경우 배우자가 서로에 대한 배려 및 이해와 신뢰로 부부 관계를 다져나가기 위해 한국인들 간의 결혼에서보다 더 많은 노력이 필요함을 시사한다. 본 연구에 참여한 결혼이민여성들은 문화적 차이로 발생한 갈등 상황이 폭력으로 이어진 경험은 없다고 대답하였지만, 문화적 차이로 인한 어려움이 있었음은 모두 공유하고 있는 부분이었다.

다음은 결혼이민여성들이 인식하고 있는 문화적 차이에 대한 내용이다. 한국인과 생긴 모습이 비슷하지만 중국이나 일본의 문화는 한국인들이 익숙하게 생각하는 방식과는 매우 다른 가치관을 가지고 있었다. 아래에서 일본 출신의 결혼이민여성 14가 이야기하는 일본과 한국의 문화 차이가 남편과 시어머니와의 관계에서 어떤 오해와 갈등을 가지고 왔는지 짐작할 수 있다. 그리고 그녀는 결혼한 지 16년 만에야 최근에 다니기 시작한 다문화센터에서 남편이 화 안 나게 예쁘게 얘기하는 법을 배운 것이 얼마나 부부관계에 도움이 되었는지 설명했다.

결혼이민여성 13: 한국 사람이랑 일본 사람이랑 말하는 법이 틀려요. 한국말 당연히 잘 못하지만 여자들이 애교부리고 예쁘게 말하고 하는 걸 [다문화센터에서] 많이 배웠어요. 무뚝뚝하니까 일본사람들이… [거기서] 애교 같은 거 많이 배웠죠. 그런 거 전혀 몰랐거든요. 가르쳐주는 데도 없고. 친구랑 그런 얘기했어요. 일본 친구인데 남편하고 갈등이 있으니까. [그 친구는] 원래 무뚝뚝하고 합리적인데. 남편이 화냈을 때 "맞아 내가 그렇지 나도 어떻게 할 줄 모르겠다" 이러면서 예쁜 말투로 하는 거 배웠어요. 무뚝뚝한 일본 사람들 많아서.

면접자: 그렇게 하셨더니 남편 분이 많이 좀…?

결혼이민여성 13: 네. 눈에 보이지는 않지만 [이제는] 때리지 않으니까 많이 좋아진 거 같아요.

면접자: 그럼 만약에 이런 걸 처음부터 선생님께서 아셨다면..?

결혼이민여성 13: 네 그럼 더 편하게 살았을 텐데. 십 년 정도 힘들게 살았죠. 남편에 대해서도 그렇고 시어머니에 대해서도 그렇고. 말투가 그랬어요. 몰랐어요 그랬던 것이. 아유 내가 몰랐네 그런 거… 예쁘게 하면 상대방이 얼굴 표정이 달라지는 거 이제 와서 알았죠. 그리고 언어 어휘력이 부족하고 언어가 서툴러서 못 하는 것도 있고. 일본에서는 유교사상 이런 거 없으니까 윗사람 존경해야 되지만 시어머니가 한국에서 뭐 해라 먹어라 그러시잖아요. 근데 일본에서는 말할 때 이거 드세요 갔다 왔어요. 이렇게 서로가 존댓말 쓰면서 지내니까. 그 문화에서 살았는데 한국에 와서 며느리가 식모처럼 해라 와라 가라 뭐 하고 있어도 무조건 뭐 닦아라 치워라 하는 거 보고 많이 힘들었어요. 한 살 차이인데 언니 오빠 부르는 것부터 시작해서.. 일본에서는 그런 문화가 없어서. 한국 사람들은 그.. 솔직한 표현을 잘 하는데, 일본 사람들은 솔직하게 표현을 잘 못해요. 참다가 참다가 갑자기 폭발을 하니까 남편은 그걸 이해를 못하나 봐요. 왜 갑자기… 그런 표현 방법이 틀려서 너무 어려웠어요.

일본 출신인 결혼이민여성 13은 결혼이민여성 14가 언급하지 않은 문화적 차이를 설명했다. 구체적으로, 한국 사람에게는 "이기적"으로 비춰졌을 수 있는 일본인들의 생활 방식, 그리고 일본인들에게는 납득이 가지 않을 정도의 한국인들의 원가족에 대한 애착을 언급했다.

면접자: 남편 분은 선생님의 어떤 부분에 가장 화를 내세요?
결혼이민여성 14: 일본 사람은 이기적이라고 해요. (웃음)
면접자: 남편 분이 왜 그런 얘기를 하시는 거예요?
결혼이민여성 14: 그건 저도 모르겠어요. 애기 아빠가 느끼는 그런 거겠죠. 생활습관. 저는 이기주의자 아닌데, 나는 이해가 안가요. 그러니까 민족적인… 느끼는 것. 차이가 있어요. 확실히 일본 사람하고 한국 사람은 얼굴은 똑같이 생겼지만, 사고방식이나 그런 게 틀려요.
면접자: 그런 부분 때문에 제일 두 분이 부딪치시는 거..
결혼이민여성 14: 네. 그것 때문에 그런 것도 있고. 형제만 잘 챙기고 그런 것도 그렇고. 자기 가족만 그게 중요하다고 생각하는 것 같아요. 자기 형제나 어머니만 생각을 하고. 뭐가 있으면 어머니, 어머니. 형, 형, 누나, 누나. 한국 사람들은 자기 가족에 대한 애정이 많잖아요. 제가 느끼기에는. 그거는 한국 남자들이 그런 건지, 일본 사람들도 그런 사람 있는데, 한국 사람들 더 그런 것 같아요.

중국 출신의 결혼이민여성 11은 중국과는 다른 한국인들의 가사노동에 대한 생각, 어른 공경에 대한 문화 등 한국 남성과 결혼하는 중국 이주 여성들이 겪을 수 있는 문화적 차이로 인한 어려움들에 대해서 설명했다.

> 제가 비록 한국어를 할 줄 알지만, 문화 차이가 존재하거든요. 보면, 문화차이를 극복할 수 있는 프로그램 있잖아요. 처음 결혼하신 분들한테.. 그런 게 많이 생겼으면 좋겠어요. 옆에 분이 중국 분을 얻었나 봐요, 그분은 한족인데, 여자가 밥을 안 하고 너무 게으르다는 거예요, 제가 얘기했어요. 원래 중국 여자들은 밥을 잘 안 해요. 남자들이 많이 하거든요? 처음에는 시켜야 한다. 이건 이렇게 한다 저렇게 한다. 할 줄 모를 거잖아요. 오 알았어요. 그래야겠네요, 이렇게 얘기한 적이 있어요. 저는요, 한국 남자들은 술을 굉장히 많이 마시잖아요. 술주정도 굉장히 심하더라구요. 중국에서는 남자들이 그렇지 않거든요. 여자들이 놀라서 달아날 것 같구요. 저는 강심장이어서 살았구요. (웃음) 두 번째는 어른 공경. 중국 사람들은 예, 아니오가 분명해요. 근데 한국 사람들은 시부모한테도 네네 이런 걸 좋아하는데, 이런 것도 서로 배워야 할 문화 차이라고 생각하거든요. 그리고 남녀 간의 할 일. 남자들은 여자들은 밥하고 빨래하고 해야 한다고 생각하지만, 중국 사람들은 맞벌이를 하든 안하든 남자들이 집안일의 일부분은 다 남자가 해요. 그런 부분은 중국 사람으로서 이해가 안 되는 부분이죠. (결혼이민여성 11)

3) 상황적부부폭력의 영향

상황적부부폭력을 경험한 여성들은 배우자테러적 폭력과는 달리 심각한 수위의 정신적인 불안감이나 우울 등을 겪고 있지는 않았다. 직접적인 폭력의 영향이라기보다는 때때로 폭력으로 발전했던 잦은 말다툼과 오랜 갈등으로 이제는 그냥 “포기”하게 되다보니 오히려 갈등과 폭력이 감소했다는 여성들의 증언은 Johnson이 제시한 설명과 일치한다. Johnson에 따르면 상황적부부폭력은 시간이 지날수록 그 강도와 빈도가 점점 줄어든다고 제시하였다. 이는 결혼 초기 서로 다른 배경에서 살아온 두 남녀가 만나서 함께 살아가는 과정 속에서 겪는 갈등과 불일치 등으로 인한 폭력이 서로 합의점을 찾게 되면서 점점 줄어든다는 것이다. 한국 여성 7은 남편과 합의점을 찾은 경우는 아니었지만, 자신이 이제 그만 남편과 헤어져야겠다고 마음먹고 포기하기 시작하자 남편이 돌아서기 시작했다고 말했다.

> 제가 애아빠한테 안 들어오면 자꾸 전화하고 그랬었어요. 근데 이제 저도 일 다니고 그러니까 몸도 힘들고 애들 키우는 것도 힘들고 그러니까 계속 십몇 년을 이렇게 해오니까 너무 힘든 거예요. 이제는 안 되면 애들 데리고 이혼을 정말 하고 떠나야겠다 진짜 마음을 먹으니까 애 아빠가 조금 달라지기 시작하더라고요. (중략) 이렇게 진짜 안 살려고 마음을 먹고 포기를 하고 들어오든 안 들어오든 전화도 안 했어요. (중략) 이제 제가 진짜 다 포기해버리니까 애아빠가 조금 돌아서는 것 같더라고요.

결혼이민여성 11도 남편의 폭력이 "처음에는 장난이 아니었는데 처음보다는 많이 나아졌다"고 말하며 "지금은 많이 좋아졌다"고 얘기했다. 결혼 15년차인 이주여성 14도 남편의 폭력이 점점 줄어서 2-3년 전부터는 때린 적이 없다고 말했다.

> 서로가 그런 거 같은데 서로 좀 성격을 이해를 하고 이 정도 화가 나면 건드리면 안 된다 아니면 사람이 이렇게 말을 해도 속으로는 사랑하고 있다라든가 그걸 알고 있으니까. 처음에는 화를 내면 진짜 그런가 했지만 아닌 것도 이제는 서로 알았으니까. 그런 거 같아요. (결혼이주여성 14)

3. 상황적부부폭력: 성별에 따른 차이

상황적부부폭력의 성별 비교는 본 연구에 참여한 결혼이민여성의(결혼이민여성 11, 12, 14) 한국인 남편 3명과 한국 여성과 결혼한 7명의 한국 남성들의 경험을 전 장에서 피해여성들의 관점을 토대로 논의한 결과와 비교·분석한 내용이다. 본 연구의 주제가 배우자 폭력인 것을 인터넷 게시판 등을 통해서 알고 참여의사를 밝힌 한국 남성들은 한국 여성과 현재 결혼 중(3명)이거나 별거(2명) 혹은 이혼한(2명) 상태였고 연령은 30대부터 50대까지였으며, 결혼 기간은 4년에서 17년 사이었다. 한국 남성 7(한국 여성 7의 남편)을 제외하고 이 남성들의 한국인 부인들은 본 연구에 참여하지 않았다. 한국 남성 9는 결혼이민여성 14의 남편으로 통일교의 주선으로 일본인 아내를 맞이하여 2남 1녀를 두고 있었다. 한국 남성 10은 중국 출신인 결혼이민여성 11의 남편, 그리고 한국 남성 11은 결혼이민여성 12의 남편으로 중국 유학 기간 중 연애하여 슬하에 세 자녀를 두고 있었다. 이들은 모두 자신이 부인에게 물리적 폭력을 행사한 적이 있음을 시인하고 그러한 상황과 그 배경에 대한 내용을 나누었다. 부인의 상호 폭력이나 폭력적인 맞대응 혹은 드물었지만 부인이 주도한 폭력 등에 관한 내용도 나누었다. 부인의 국적과 관계없이 남편들은 부인들이 앞서 나눈 내용과 동일하게, 부인이 자신들을 무시하거나 권위를 건드리는 말투나 행동을 보일 때 폭력적인 행동이 나가게 되었다고 말했다. 또한, 부인들이 남편들의 통제 시도를 얘기했던 것처럼, 남편들도 부인들이 보인 통제행동에 대해서 언급했다. 그러나 결혼이민여성들의 한국인 남편들은 부인들이 통제 시도를 하지 않았다고 보고했다.

1) 결혼의 맥락적 특성

(1) 결혼 배경

상황적부부폭력을 경험한 여성들과 마찬가지로 결혼 전 교제 기간이 짧게는 2년, 길게는 3년이었다. 한국 남성 4의 경우에만 2년간의 혼전동거를 거쳐 혼인하였다. 이들 모두 결혼 전 교제 기간 동안 약속시간을 어긴다거나 하는 등의 사소한 이유로 다투기도 하고 서로 오해한 적도 있었지만 싸움이 물리적인 폭력으로 번진 적은 없었다고 보고했다. 결혼 후 변화에 대해서, 한국 남성 1은 갈등이 풀어질 수 있는 개인적인 시간과 공간의 부족을 들었다.

> 저 같은 경우에는 다투고 나서 시간이 지나면 좀 풀리는 성격이라서 하루 정도 안보고 그러면 괜찮아지고 풀리는데, 이제 결혼을 하고 나서는 그거를 못하니까. 누가 나가 있을 수는 없잖아요. 집에 애들도 있고 그러니까. 또 두고 나가면 혼자 애보고 그래야 되니까 그럴 순 없고. 이제 그런 게 좀 문제가 됐었죠. (중략) 이제 계속 그 감정이 유지가 되잖아요 그게 풀리지 않고. 그러니까 이제 와이프 같은 경우에도 이제 막 그런 화난 티를 계속 내고, 계속 그러고 있으면 저도 이제 풀리다가도 또 짜증나서 또 다시 화나고 그런 게 반복이 됐었죠.

이런 변화 외에도 그들은 함께 살면서 일상에서 일어나는 육아와 경제 문제 등 다양한 삶의 이슈들과 부딪히면서 교제 기간 중에는 알지 못했던 아내의 모습을 경험하게 되었다고 한다. 2년의 교제를 거쳐 지금의 아내와 결혼한 지 17년째인 한국 남성 3은 부인이 결혼하고 나서는 “좀 더 감정을 쉽게 표현하는 것 같아요 (중략) 애 낳고 나서는 약간 변한… 자기주장을 활발하게 하고, 뭐 그런 식으로” 변하면서 충돌이 잦아졌다고 한다. 한국 남성 5도 교제 당시 아내가 외향적이고 활달하다는 건 알았지만 결혼 후 그녀가 아웃도어 스포츠를 즐기기 시작하면서 잦은 트러블을 경험하였다.

(2) 부부 권력 구조

상황적부부폭력을 경험한 참여자들 중 배우자테러적인 폭력을 경험한 여성들이 묘사했던 남성우월적인 권력구조를 갖고 있는 부부는 없었다. 이들이 묘사한 폭력 유형이 상황적부부폭력인 만큼 이들의 부부 권력구조는 수평적인 편이였고 싸울 때는 어느 한쪽이 겁내고 위축되는 것이 아니라 동등하게 맞서 싸우는 것이 가능했다. 상황적부부폭력을 경험한 여성들이 묘사한 부부 권력 구조와 특별히 다른 부분은 발견되지 않았다.

(3) 통제행동

결혼이민여성과 결혼한 한국인 남성들은 부인의 통제 시도가 전혀 없었다고 보고한 반면 한국인 여성과 결혼한 한국인 남성 참여자들 7명 중 2명은 부인이 자신을 의심하고 통제했다고 주장했다. 한국 남성 1은 결혼 초 자신의 외도가 부인에게 첫 동기 부여를 제공하기는 했지만 관계를 정리하고 난 후에도 계속되는 부인의 의심과 추궁은 결국 다른 여러 가지 갈등 요소들과 맞물려 별거로까지 이어졌다고 한다.

이제 그렇게 되면 이제 와이프들이 대부분 의심이 많아지잖아요. 근데 회사생활을 하면서 이제 그럴 때 뭐 따른 여직원들이랑 밥을 먹을 수도 있는 거고, 집에 오는 같은 길이면 뭐 태워줄 수도 있는 거고 이제 그런 거에 대해서 태클을 걸고 이제 의심을 하고 그러면서, 예, 그런 것 때문에 이제 새로운 문제가 발생하기 시작했죠. (중략) 그… 그런 걸로 인해서 이제 막 뭣도 하지 마라 뭣도 하지 마라 막 그랬던 거 같아요. 그래서 막 그런 것까지 못하게 하면 사회생활을 하라는 거냐 말라는 거냐 이제 그런 걸로 해서 뭐 맨날 사회생활 얘기만 한다 그래서 싸우다가…

한국 남성 2의 경우, 친하게 지낸 근무처 여성이 있었는데 점을 보고 온 후부터 부인이 그 관계를 의심하기 시작했다.

애기 엄마가 이제 점을 봤대요. 제가 그 도박을 하고 바람을 피웠다는 겁니다. 근데 그것 때문에 이제 갈등이 크게 또 시작됐죠. 돈은, 경제적으로 어려우니까 이 사람이 돈을 딴 데다가 쓴다 이렇게 생각이 되나 봐요. (중략) 제 그 모든 그 휴대폰이라 던지 인터넷 사이트 비밀번호를 다 알아내서 조회를 했더라고요. 제 계좌하고 싹 다 조회를 했더라고요. 그러면서 이제 제 그 뭐 사생활 조사를 다 했어요. 제가 같이 근무하는 직원들 뒷조사까지 다 하고요. 그때 이제 화가 너무 많이 났죠.

남편의 월급을 관리했던 한국 남성 2의 부인은 경제적인 부분에서도 남편을 의심하였고 남편에게 용돈 등을 주지 않으면서 경제적인 통제 시도도 보였다.

처음에 결혼을 할 때부터 그 저희 집에서 돈을 많이 안 해줬거든요. 이제 그런 부분부터 시작했던 게 조금 조금 계속 쌓이고, 그 아기엄마는 집에서는 분명히 돈을 많이 가지고 있으면서 왜 안 해 주냐, 그런 식으로 이제 계속 생각을 하고 있었던 거죠. 그때 제가 한참 영업을 잘 안 됐지마는 조금씩을 갖다 줬으니까. 저도 조금씩은 활동을 해야 되지 않아요? 그런데 활동하게 뭐 밥값이라도 달라고 해도 안주더라고요. 알아서 뭐 하라는 식으로, 그러고 또 다 뒤로 돈 가지고 있으면서 왜 돈 달라 그러느냐 그런 식으로 자꾸 얘기 하길래…. 좀 너무 사람 무시하는 듯한 느낌을 받더라고요.

한국 남성 1과 2가 경험한 부인의 통제는 배우자테러적 폭력 피해자들이 경험한 생활 전반에서의 통제와는 달랐다. 이들이 경험한 통제는 갈등 상황으로 인한 상황 통제에 그쳤음을 알 수 있다. 또한, 이러한 부인들의 통제 시도로 답답함과 화가 나는 감정, 그리고 갈등 악화를 경험하기는 했어도 이로 인해서 부인을 두려워하거나 부인에게 휘둘리거나 조종당한 증거는 그들의 내러티브 어디에서도 발견할 수 없었다. 따라서, 상황적부부폭력을 경험한 여성과 남성들이 묘사한 배우자의 통제행동은 성별과 관계없이 매우 유사한 것으로 보여진다. 즉, 이 맥락에서 배우자의 통제행동은 의도적이거나 전반적이라기보다는 상황적인 통제 시도로 이해하는 것이 적합할 것이다.

2) 물리적 폭력

앞서 여성들과의 인터뷰 내용과 동일하게 상황적부부폭력을 경험한 남성들도 일방적인 폭력 보다는 상호적인 폭력을 묘사했다. 폭력의 강도나 빈도 역시 배우자테러적 폭력과는 비교되지 않을 만큼 경미하였다. 다음은 한국 남성 1의 이야기이다.

싸우다가 이제 와이프가 이제 화가 나서 저를 이제 때렸는데, 저도 이제 그때는 제가 잘못한 게 없으니까 맞고도 가만히 있을 수 없잖아요. 그래서 저도 같이 때렸어요. 근데 여자가 때리는 거랑 남자가 때리는 거랑 좀 틀리잖아요. 그냥 서로 따귀 정도였는데, 여자가 때리는 따귀는 그냥 뭐 딱 소리 나는 정도 뭐 그 정도였고, 제가 때렸을 때는 이제 안경을 쓰고 있었는데 안경이 날아갈 정도로 때렸었죠. 어이없다는 식으로 하면서 [와이프가] 이제 되게 많이 흥분을 했었어요. [와이프가] 막 달려드는 거를 잡고 못 달려들게 했죠.

결혼이민여성 11의 남편인 한국 남성 10 역시 그의 폭력은 경미하였으나 부인도 지지 않았다.

결혼 초기에는 살림살이가 하루 지나면 하나씩은 부서지다시피 했었죠. 때리지는 않았구요. 살림살이가 온전하지가 못했어요. 둘이 말이 격해지다보면 그때 저도 감정이 폭발하다보니까 물건 던지고 물건 차고 그런 일이 생기고. 애 엄마도 같이 부셔버려요. 같이요.

폭력의 발단과 관련된 갈등 요소에 관한 여성들과 남성들의 내러티브 또한 매우 유사했다. 배우자테러의 가해자들이 어떤 특정한 갈등 상황보다는 상대 배우자의 버릇을 고치거나 자신이 원하는 대로 행동하게끔 하기 위해서 폭력을 사용했다면, 상황적부부폭력의 남성들은 부부 갈등 상황에서 말다툼을 하다가 감정이 폭발해서 폭력을 사용하였다. 여성들이 앞서 인식한 것과 같이 남성들 또한 자신으로 하여금 무시당하는 기분이 들게 하는 부인의 말투와 행동, 그리고 경제적 어려움으로 인한 갈등을 들어 자신들의 물리적 폭력을 설명하였다. 단, 30대의 고학력자이고 비교적 경제적으로 안정적인 한국 남성

5와 한국 남성 11은 물리적 폭력이 상대적으로 매우 경미할 뿐 아니라 일회성적인 성격이 강했다. 의견이나 성격 차이 등으로 인한 대립으로 폭력이 발생하였다. 이들을 제외한 나머지 참여자들이 묘사한 갈등 요소들의 핵심에는 가부장적 가치관이 깊이 자리 잡고 있음을 알 수 있었다. 이는 Johnson이 제시한 상황적부부폭력의 본질과는 약간 다른 양상을 띠고 있음을 의미한다. 왜냐면 Johnson은 가부장적 가치관을 배우자테러의 핵심에 놓고 설명하고 있기 때문이다. 이 부분에 대해서는 결론에서 보다 구체적으로 논의하도록 하겠다. 이주여성과 결혼한 한국 남성들 역시(한국 남성 11을 제외하고) 마찬가지였다. 40대 초반인 한국 남성 3은 자신이 부인에게 폭력을 사용하게 된 경위와 그때 상황을 설명하면서 “그 감정이 주체가 안됐고”라고 말하면서 부인이 자신의 감정을 건드렸음을 암시했다. 이 남성은 그 상황에서 부인의 고분고분하지 않은 행동이 자신의 남성성을 도전한 것으로 해석하였고, 그것에 대한 반응이 폭력으로 나타났던 것임을 알 수 있다.

> 이렇게 하는데 와이프가 같이 한번 힘으로 해보자 이런 식으로 나오더라고요. 그니까 뭐 그런, 뭐 그럼, 뭐 한번 해보자 이런 식으로 돼버리고, 그러다 보니까 그렇게 되더라구요. (중략) 약간 이제 제가 느낀 바로는 뭐 와이프도 이제 약간 이제 저를 따르는 것 같지만, 약간 무시하는 경향이 있다고 느낄 때가 있어요. 그니까 그때도 그죠, 이제 뭐, 아, 그니까 남편이 그렇게 뭐 남자답다고 생각을 안 했을 수도 있죠, 와이프가. 그러면서 이제 뭐, 저 뭐, 어떻게 뭐, 니가 힘을 써봤자 얼마나 쓰겠어 이랬을 수도 있죠. (중략) 이제 뭐 약간 어떻게 보면 너만 잘났느냐, 나도 내 나름대로 판단해가지고 처리한다 뭐 이런 게 있는 거 같아요. 그니까 그런 거죠 이제, 같이 뭐 협의를 할 때도 어떻게 보

면은 나도 그 정도는 생각할 줄 안다 하고 기분 나빠 한다던가, 그런 성격이더라고요.

40대 초반인 한국 남성 7도 부인과의 심한 말다툼 끝에 부인이 자신의 자존심을 건드리는 말을 하면 화가 너무 났고 그래서 더 이상 참지 못하고 손찌검을 했다고 말했다.

[아내가] 자존심 상하는 얘기를 많이 하고 화가 나면 막… "너 같은 거 하고 결혼해가지고 고생하느니" 막 이상한 소리를 하니까… 그럴 때 상처받아가지고 막 말다툼하다가 서로 막 하다보면… 그런 것 때문에 그러는 거죠. (중략) 사람 무시하는 말투 있잖아요, 막… "꼭 맨날 하는 것마다 그러고 만나는 사람마다 다 그러냐" 뭐 그런 얘기할 때 그런 자존심 같은 게 굉장히 상하고 그럴 때가 제일 기분 나쁘죠.

이들은 자신들의 이와 같은 반응을 가부장적 가치관을 들어 설명하였다. 한국 남성 7은 가해자교육을 받으면서 자신의 그러한 사고방식이 자신의 결혼 생활에 큰 장애물이 되었던 것 같다고 말했다.

여자는 남자가 얘기하면 좀 이렇게 좀 처음엔 얘기를 하고 웬만하면 남자 이야기를 들어야 된다는 가부장적 사고가 많이 작용을 했던 것 같아요.

30대인 한국 남성 1은 젊은 세대임에도 불구하고 가부장적인 가치관이 강했다. 부부간 의사결정에 대해서 부인과 함께 결정하는 편이라고 대답하면서도 "무슨 결정을 하거나 이제 그럴 때 그걸 제가 어느 정도 이제 리드하는 게 이제 필요하다고" 생각하고 있었다. 부부

관계에서 자신이 "어느 정도" 권력을 획득하는 것이 중요했다. 현재 별거 중인 그들 부부에게 그의 외도 외에 또 다른 핵심적인 갈등은 시어머니 부양 문제였다. 그는 별거 후 어머니를 모시고 있으면서 일주일에 한번 "지금 제가 이렇게 떨어져 있는 것은 어떻게 보면 가족들보다 지금 어머니를 모셔야겠다는 생각이 더 크니까 따로 나와 있는 거잖아요"라고 설명했다. 그의 아내는 시어머니와 함께 사는 것을 원치 않았다. 이 문제에 대한 한국 남성 1의 의견은 다음과 같았다. 며느리로서 그리고 한 남자의 부인으로서 그는 자신의 아내나 다른 여자들이 "희생"을 감수하는 것이 당연하다고 생각하고 있었다.

> 예를 들어서 제가 생각하기에는 뭐 이렇게 다른 여자들이나 뭐 그런 가정에서 사는 거를 보면 다 똑같잖아요 사는 게. 그런데 그 사람들은 이제 참고 사는 경우도 있고, 물론 못 참고 사는 경우도 있지만. 그거에 대해서 뭐, 내 엄마고, 그 다음에 집안에 뭐 와이프고 며느리고 그러면 뭐 어느 정도 희생을 감수하고 그런 게 있어야 되는데 예전에 보다 지금은 굉장히 그런 거를 거부를 많이 해요. 자기 희생하는 걸. 이제 저도 그런 걸 얘기한 적이 있죠. 그니까 다른 집은 안 그러는데 다른 집 여자들은 너보다 더 심하게 사는 사람도 있대, 그런 식으로 얘기하면 그런 거에 대해서 또 화내고.

이주여성과 결혼한 한국 남성들도 이러한 남성중심적인 사고방식이 그들 부부 갈등을 악화시키는 데 한몫했음을 알 수 있다. 결혼이민여성 11의 남편인 한국 남성 10은 시아버지에게 무관심한 아내의 태도와 행동으로 부부 갈등을 겪었는데 이에 대해서 한국적인 가부장적 잣대를 들이댔다. 며느리로서 마땅히 해야 할 도리를 하지 않는다고 생각한 것이다.

처갓집에서는 아까도 말씀드렸지만 우리 집사람한테 [우리집 살 때] 빌려줬다구요 무이자로 1억 이상으로. 근데 우리 집에서 해준 게 하나도 없거든요. 와서 고생만 했다 이거예요. 손익 계산을 너무 따져요 중국 사람들은요. 그게 틀린 거죠. 시아버지는 시아버지고, 시집은 한국에 왔는데 내가 중국으로 장가간 것도 아니고 한국에 왔으면 한국 문화를 따라야지, 손익 계산을 너무 따지는 거죠. 해준 게 뭐 있는데 해줄게 뭐 있냐 이런 식이죠.

일본 출신 결혼이민여성 14의 남편인 한국 남성 9도 자신의 아버지로서의 권위에 부인이 도전하거나 무시하는 듯한 행동을 할 때 아내를 때리게 된다고 설명했다.

이제 저 같은 경우는 제가 직접 애를 초등학교나 중학교 1학년이니까 가르치니까 내가 가르칠게 하면, 내가 이제 잡아서 가르칠게 하고 오잖아요? 그러면 집사람은 노터치라는 거예요. 당신이 가정교육에 대해서 뭘 아느냐. 어머니 밑에서 그런 가정교육 변변치 못하면서 당신이 누구를 가르치느냐 하면서 이제 자기 식… 그런 식으로 해서 말다툼하다가 한 번 두 번 해도 똑같은 말을 하고 특히 애들 간섭은 절대 하지 마라 그렇게 나오니깐 제가 한 대 때리는 거죠. (중략) 부인 피가 오형이거든요, 그러니까 밀고 나간다고요. 여자가 되가지고, 한국식, 남자가 하는 일에.

이 외에도 남성들은 경제적 어려움이 부부갈등을 가져오고 결과적으로 폭력 발생에 크게 기여했다고 설명했다. 한국 남성 2는 "결국은 다 돈 때문인 것 같아요"라고 결론지었다. 경제적으로 어려워지면서 겪게 되는 여러 갈등 상황 속에서 생기는 스트레스 및 의견 차이, 입장 차이 등이 말다툼으로 이어지고, 말다툼 중 부인이 남편의 자존심을 건드리자 남편이 그것을 참지 못하고 부인에게 폭력을 사용한다는 것이다. 앞에서 언급된 것과 마찬가지로, 여성들은 남편의 경제적 무능력을 무시하고 남성들은 이런 상황에 폭력적으로 반응하게 되는 것이다. 이 핵심에는 역시 가부장적 가치관이 자리잡고 있음을 또 한 번 발견하게 된다. 한국 남성 3은 불안을 느끼고 있었다. IMF 등으로 갑자기 어려워진 경제로 그들 부부관계 또한 큰 갈등을 경험했기 때문이다. 그는 그때 아내가 자신에게 심적으로 의지가 되어주지 못하고 이해해주기보다는 오히려 더 의견을 "강하게" 하고 자신과 충돌했던 것을 떠올리며 앞으로 또 그런 상황이 오면 어쩌나 불안해하고 있었다.

> 그 트러블에서 어떤 경제적인 그런 부분이 많이 좌우하더라고요. 좀 이제 우리나라가 또 경제적인 상황에 따라서, 여건에 따라서 막 그 요즘에는 뭐 회사에서 구조조정도 많이 하잖아요, 살아남으려고. 그러면 이제 걱정되는 게, 그러고 나서 가장이 해고되고 그러면은, 뭐 아무튼 이제 가정들이 좀 안 좋게 되는 상황들이 생길 것 같아요. 저도 사실 이제 그런 상황이 좀 두려워요. 그러니까 언제 회사에서 내가 열심히 하더라도 계속 이제 어떤 상황이 잘못 돼 가지고 직장을 잃었을 때 어떻게 해쳐나가나, 지금 이 나이에 따로 직장을 구할 수 있는 것도 아니고. 그런 부분에서 내가 가족들을 어떻게 끌고 나갈까 그런 부분이 좀 두렵고. 제가 살아오면서 경제적인 것들이 가정을 어렵게 한다는 것을 좀 뼈저리게 많이 느꼈거든요.

3) 상황적부부폭력의 영향

이전 장에서 여성들이 언급한 것과 유사하게 상황적부부폭력을 경험한 남성들 역시 시간이 지나면서 아내와 싸우고 서로 폭력적으로 대응하거나 자신의 폭력적인 행동이 점점 없어졌다고 설명했다. 이는 Johnson이 제시한 상황적부부폭력의 특성과 유사하다. 갈등을 끝내 해결하지 못한 한국 남성 1과 한국 남성 2는 별거와 이혼이라는 결과를 경험하였으나 상황적부부폭력을 경험한 대부분의 남성 참여자들은 상황이 개선되고 있다고 말했다. 중국 출신의 활동적이고 당찬 아내와 결혼한 한국 남성 10은 예전에는 아내에 대한 여러 가지 불만들을 술을 먹고 와서 폭력적으로 풀고 부인도 같이 폭력적으로 반응하곤 하였다. 그러나 5-6년 전부터 다투기는 해도 서로 폭력적인 대응은 하지 않는다고 말했다.

> 근래 들어서는 제가 술을 거의 안 먹고 이제는 제가 제 자신을 알아가고 하다 보니까. 요즘은 술 안 먹어도 따질 꺼 따지고 얘기할 건 얘기하고 그러는 편이에요. 다투기는 하죠.. 근데 좀 받아들이려고 서로가 노력하는 것 같습니다.

한국 남성 3도 예전에 몇 번의 폭력 상황을 유발했던 갈등 요인들에 대해서 이제는 서로 "무덤덤"해진 것 같다고 설명했다.

> 이제 많이 결혼생활이 올드해지다보니까 그렇게 제 나름대로 결론을 내리고 많이 넘어가도 줘요. 많이 무덤덤해지는 거죠. (중략) [예전엔] 뭐 싸움이 좀 많이 있었던 것 같은데요. 그니까 이제 어떤 일이 있으면은 많이 있었는데, 지금에 와서는 심하지는 않죠. 지금은 이제 이거는

도저히 얘기를 안 하면 안 되겠다는 그 시점, 그니까 뭐 정해진 건 아니죠. 정해진 건 아닌데, 지금 이 정도 상황이면은 뭐 거진 삼 개월에 한 번 정도나, 그 정도의 어떤 그 논쟁거리가 생기는 거 같아요.

제 5 장

논 의

제5장 논 의

이 책은 다문화가족 및 한국가정에서 발생하는 배우자폭력의 특수성을 살펴봄으로써 한국의 배우자폭력을 설명하는 데 적합한 개념적 모형을 제시하고 배우자폭력 중재프로그램 개발에 대한 제언을 하고자 수행되었다. 이를 위해 배우자로부터 폭력을 경험한 한국인 기혼여성 19명과 결혼이민여성 17명, 그리고 배우자폭력 가해자인 한국인 기혼 남성 7명과 결혼이민여성과 혼인한 한국 남성 4명을 대상으로 일대일 심층면접을 실시하였다. Johnson(1995, 2006, 2008; Johnson & Leone, 2005)의 배우자폭력 유형 분류 체계를 활용하여 다문화가족과 한국 가족 내에서 각각 발생하는 배우자폭력의 유형별 특성 및 각 유형의 폭력이 피해자에게 미치는 영향을 분석하였고, 각 유형별로 부부관계의 권력 구조와 통제행동을 살펴봄으로써 배우자폭력이 발생하는 맥락을 파악하고자 했다. 분석 결과를 토대로 배우자폭력의 역동에 대한 한국적인 특수성을 도출하였고 이에 기반하여 배우자폭력 중재프로그램 개발을 위한 의견을 제시하였다.

1. 다문화가족에서 일어나는 배우자 폭력의 특성

기존의 국내 배우자폭력 사례 연구들(소병숙, 정혜정, 2002; 장희숙, 황순찬, 2017)이나 뉴스 기사들(김준희, 2019; 나상현, 2019)을 통해서 흔히 묘사되는 배우자 폭력의 양상은 주로 강도가 높은 물리적인 폭력을 동반한 학대와 착취 등 여성의 기본적인 인권을 무시하는 가부장적인 맥락에서 발생하는 폭력으로 Johnson(1995, 2006, 2008; Johnson & Leone, 2005)이 제시한 배우자테러적인 폭력과 맥을 같이 한다. Johnson의 배우자폭력 유형 분류 체계에 따르면 권력을 둘러싼 부부관계의 역동, 갈등 요인, 통제행동 여부에 따라 다른 유형의 폭력이 존재하며 각 유형은 물리적 폭력이 발생하는 맥락과 피해자에게 미치는 영향력이 서로 상이하다. 본 연구에서는 Johnson이 차별화해서 개념화한 배우자테러와 이와는 근본적으로 다른 유형의 폭력인 상황적부부폭력을 연구참여자들의 경험을 토대로 분류하고, 각각의 폭력 유형을 둘러싸고 있는 결혼의 맥락, 갈등 요소 및 그 특성에 대한 정보를 제공하였다. 한국 가정과 다문화가정을 나란히 비교해 봄으로써 다문화가정에서 발생하는 배우자폭력의 차별적인 특성들을 조명해 볼 수 있다.

전반적으로, 결혼이민여성과 한국 여성들을 비교했을 때 폭력 유형별로 나타난 근본적인 특성들은 유사하였으나 배우자테러를 경험한 결혼이민여성들이 감수하고 극복해야 할 위험 요소나 장애물이 구조적으로 더 많은 것으로 드러나 그들의 사회문화적인 위치가 상대적으로 가장 취약함을 알 수 있었다. 하지만, 결혼이민여성들의 결혼 배경과 경로 및 부부의 권력 구조는 다양했고 그들이 경험하는 배우자폭력의 유형 역시 한 가지가 아니었음을 볼 때 이들이 결코 동질적인 집단이 아니라는 점은 중요한 사실이다. 본 연구 결과에 따르면 같은 국제결혼이라고 하더라도 그 배경에 따라서 폭력 유형이 다른 패턴을 보였는데, 이는 배우자폭력을 이해하려는 시도를 할 때 폭력 빈도와 강도에만 주목할 것이 아니라 반드시 폭력이 발생하는 맥락적 배경, 즉 부부권력 구조와 통제행동 여부 등에 대한 이해가 동반되어야 할 필요가 있음을 시사한다. 또한, 결혼의 맥락적 배경이 결혼이민여성과 혼인한 한국인 남편의 폭력을 설명하는 데 중요한 단서를 제공함을 알 수 있다.

배우자테러를 경험한 여성들은 결혼이민여성이나 한국 여성이나 유사하게 남편 주도적이고 지배적인 권력 구조 속에서 결혼 생활을 시작하였고 이것은 그 틀에서 남편의 폭력과 통제 행위가 당당하게 일어날 수 있는 플랫폼 역할을 했음을 알 수 있다. 결혼이민여성들의 경우 한국 여성들과 비교했을 때 국내에 거주하는 친지나 가족 등의 사회적 지지체계가 상대적으로 크게 부족하였고, 한국 문화나 사회에 대한 지식과 언어와 같은 자원이 결여되어 있었기 때문에 이러한 결핍과 취약성은 남성들이 결혼이민여성들을 더욱 더 억압하고 지배하고 가두는 것을 용이하게 했다. 결혼이민여성들을 위한 사회적지지체계와 그들이 한국 사회에서 사회문화 자원을 효율적으로 구축해 나갈 수 있도록 지원하는 구체적이고 현실적인 방안이 시급하다.

배우자테러의 차별적인 특성인 가해자의 통제행동은 배우자테러를 경험한 한국 부부와 다문화 부부에서 동일하게 일어났지만 국제결혼중개업체에 결혼한 다문화 부부의 경우 한국 부부와는 다소 다른 양상을 보였다. 업체를 통해 이루어지는 국제결혼의 특성상 배우자가 서로를 알아가는 기간 없이 서로에 대한 신뢰와 확신이 굳건하지 않은 상태에서 단 며칠 혹은 몇 달 내에 결혼이 성사되었고 결혼 초기 배우자에 대한 신뢰와 확신의 부족은 남편이 부인의 외부활동, 외출,

및 사회적인 접촉을 통제하기에 이르렀다. 결과적으로 남편의 통제 시도는 부부관계에서 불만과 갈등을 고조시킴을 알 수 있었다. 이러한 갈등 상황에서 발생하는 물리적인 폭력은 부인을 통제하려는 남편의 의도와 앞서 언급한 사회적지지 체계의 부족과 남편 지배적인 권력 구조가 함께 맞물려 폭력의 피해자인 결혼이민여성들에게 심한 우울감과 절망감, 불안감 및 수치심을 초래하는 결과로 이어졌다.

위 결과는 결혼 초창기 신뢰 부족으로 인한 불안함과 의사소통의 어려움을 겪고 있는 한국인 남편과 결혼이민여성의 서로 다른 입장을 중간에서 통역해주고 올바르게 전달해주는 역할을 감당할 수 있는 지원 체계의 활성화가 필요함을 제시한다. 결혼 초창기에 부부가 서로에 대한 신뢰를 구축할 수 있는 다양한 프로그램을 제공하고 통제 행위에 대한 이해를 통해 이를 예방함으로써 통제가 부부 관계에서 패턴으로 발전하는 것을 방지하는 것이 중요하다. 신뢰 부족으로 인한 통제행위가 이미 나타나고 있는 부부라면, 이를 예방하기 위한 교육과 서로 의사소통 할 수 있는 자리를 제공해 줌으로써 통제행위의 문제점을 인식하고, 서로의 입장을 이해하고, 신뢰를 쌓아갈 수 있도록 하는 중재 프로그램이 효과적일 것이다.

그러나, 국제결혼 가정에서 한국인 남편들이 보이는 통제 행위를 무조건 결혼 초창기 신뢰 부족에서 오는 불안의 표현으로만 이해하는 것은 매우 위험하다. Johnson이 주장하는 것처럼 여성이나 배우자를 기본적으로 지배하고 조종하려는 욕구에서 비롯된 통제 행위라면 단순히 결혼에 대한 책임감을 서로 확인한다고 해서 자연스럽게 사라질 것이라고 보기는 어렵기 때문이다. 따라서, 한국인 남편들의 통제행위가 무엇에서 비롯된 것인지 정확하게 파악한 뒤 폭력의 유형에 따라 추후 중재의 방향을 설정하는 것이 필요하다.

상황적부부폭력을 경험한 결혼이민여성들의 경우 부부간 문화 차이가 남편과의 오해를 불러일으키고 부부 갈등을 고조시킴으로써 폭력이 발생하게 되는 상황이 형성되는 것에 어느 정도 기여함을 알 수 있었다. 상황적부부폭력은 Johnson(1995, 2006, 2008)이 제시한 바와 같이 가부장제도에 입각한 남성지배적인 부부 권력 구조나 여성을 소유물로 간주한 남성의 여성 통제 의도로 인한 배우자테러와는 본질적으로 다르다. 다시 말해, 상황적부부폭력은 갈등 요인들이 쌓이고 부부가 부딪히고 서로에게 반응하는 과정에서 일어나는 폭력임을 알 수 있었다. 따라서, 이 유형의 폭력에 대한 효과적인 중재 방안으로는 교육과 상담을 통해 갈등 형성을 예방하고 건설적인 갈등해결에 도움이 되는 구체적인 기술들을 연습해보는 프로그램이 적절할 것으로 사료된다. 다문화가정의 경우 부부간 문화 차이가 부부관계의 갈등 요인들 중 하나임을 고려했을 때 갈등 해결 내용과 더불어 서로의 문화적 배경과 관습, 가치관, 습관, 대화방식 등을 배울 수 있는 기회를 제공하는 프로그램도 도움이 될 것으로 예상된다.

일반화할 수는 없지만, 다문화가정의 경우 남편이 주도권을 잡으려 하고 여성을 통제하려고 하는 데에는 결혼의 맥락상 불가피했던 배우자에 대한 신뢰 부족이 영향력을 행사하고 있음을 본 연구 결과를 통해서 알 수 있었다. 부부의 권력구조, 통제행동, 결혼 경로 및 배경에 대한 이해는 폭력이 발생하는 맥락과 이를 둘러싼 관계적 역동을 파악함으로써 폭력의 유형을 분류하는 데 매우 유용했다. 하지만, 결혼의 몇 가지 특성만을 가지고 남편의 폭력을 충분히 설명하는 데는 무리가 있으므로, 후속 연구에서는 보다 체계적인 설문조사를 통해서 인과관계 및 폭력이 일어나는 다양한 경로에 대한 검증이 필요하며 남편의 개인 요인들과 폭력성을 반드시 함께 살펴보아야 할 것이다.

선행연구들에 의하면 교육수준, 수입, 결정권 분배, 직업, 가사노동의 분배 등 부부의 권력구조 변인들이 남편의 폭력성과 관련이 있으나 부부권력을 측정하는 도구들이 가지고 있는 한계점과 관련 변인들을 선택적으로 사용하여 정확한 파악이 쉽지 않다. 예를 들어, 결정권을 측정할 때 가족 내 크고 중요한 일들을 부부가 주로 함께 의논해서 결정하거나, 여성이 육아와 양육, 집안일 등에 대한 소소한 부분에 대해서 주로 결정을 한다고 측정도구에 기입할 경우, 여성이 좀 더 많은 결정권을 행사하고 있는 것으로 나타날 수 있다. 그러나, 남편이 부인의 외출을 통제하거나 무엇을 입는지 심하게 간섭하고 스트레스를 줌으로써 개인의 자유를 압박하고, 부인은 이런 남편이 두려워서 행동을 늘 조심하고 눈치를 봐야 하는 맥락에서 내리는 결정이라면 과연 이 부부관계에서 누가 더 권력을 소유하고 있다고 할 수 있는가? 다른 예로, 생활비를 부인에게 주고 집안일은 전적으로 부인에게 맡기지만, 부인을 시녀 취급한다면 과연 이 부부는 누가 더 권력을 가지고 있다고 볼 수 있는가? 이처럼 배우자의 통제행동 여부는 부부의 권력 구조를 설명하는 데 매우 중요한 요인이라고 할 수 있다. 또한, 국제결혼의 배경(누가 얼만큼 결혼 비용을 부담했는지 등)이나 경로(연애결혼, 소개 등) 등도 권력 구조를 성립하는 데 중요한 요인으로 작용하지만 이 요인들의 영향력을 다룬 연구는 전무하다. 남성 편향된 권력 구조 내에서 발생하는 남편의 폭력은 남녀 평등한 권력 구조 내에서 발생하는 남편의 폭력과는 질적으로 다른 경험을 여성에게 제공하며 피해 여성에게 미치는 영향력 또한 다르다는 결과를 고려할 때, 결혼의 맥락적 요인들을 살펴봄으로써 권력구조의 특성을 정확하게 파악하는 것이 중요하다. 이러한 요인들이 이미 폭력성을 가지고 있는 남성에게 촉진제 역할을 하는 것인지, 아니면 폭력성을 가지고 있는 남성이 이러한 결혼을 선택하게 되는 것인지 체계적인 양적 연구를 통해서 살펴볼 필요가 있다.

2. Johnson의 배우자폭력 유형 분류 체계(typology)의 문화적 타당성과 적합성

페미니즘이 가부장적 가치관을 최전방에 내세워서 배우자폭력을 설명하고(Kurz, 1989) 있다면, 가정폭력 관점(family violence perspective)은 생활 속에서 일어나는 스트레스원(stressor)과 이로 인한 갈등을 폭력의 핵심에 놓고 배우자폭력에 접근한다(Gelles, 1993; Straus, 1973). 이 중 어떠한 관점이 배우자폭력을 더 잘 설명하는지에 대한 논의는 지난 수십 년간 꾸준히 이어져 왔다. Johnson의 배우자폭력 유형분류체계는 배우자폭력이 한 가지 현상이 아니라 본질이 다른 폭력의 유형들이 있음을 제시함으로써 배우자 폭력을 정확하게 이해하기 위해서는 유형별로 다른 관점을 적용해야 함을 설명했다. 그렇다면 Johnson의 배우자폭력 유형 분류 체계는 한국에서 적용하기에 문화적으로 타당한가?

본 연구의 결과를 종합해 볼 때 Johnson의 유형 분류 체계는 한국가정과 다문화가정에서 일어나는 배우자폭력의 유형을 크게 배우자테러와 상황적부부폭력으로 분류하는 데 유용한 틀을 제공하였음을 확인할 수 있었다. 각 폭력 유형별로 결혼 배경과 맥락, 부부의 권력구조, 통제행위 및 그 영향력을 조명할 수 있고, 이를 통해 한국 가정과 다문화가정의 비교도 가능하였으나, 한국적 맥락에서 배우자폭력을 설명하는 데 있어서는 한 가지 제한점이 발견되었다. Johnson은 페미니즘 관점(Kurz, 1989)에 입각하여 배우자테러를 남성지배적

우월주의, 가부장적 구조와 가치관등의 산물로 개념화하였다. 반면에 상황적부부폭력은 가정 폭력 관점(Gelles, 1993; Straus, 1973)에 따라 의견 충돌, 스트레스, 그리고 적대적이거나 효율적이지 못한 의사소통 및 갈등 해결 방식 등이 폭력 발생에 중추적인 역할을 한다고 제시하였다. 이를 토대로 이 책에서는 배우자 폭력을 크게 배우자테러와 상황적부부폭력으로 분류하였다.

한국 가정과 다문화가정에서 발생하는 상황적부부폭력의 특성을 살펴본 결과, 다양한 형태의 부부 갈등과 갈등해결 과정에서 나타나는 부부 문제인 상호작용 및 의사소통 방식이 이 유형에서 폭력을 발생시키는 핵심 요인으로 작용하고 있음은 분명하나, 여러 가지 갈등의 본질적인 원인이 남편과 부인의 가부장적 가치관에 뿌리를 두고 있고 갈등 상황에 대한 반응으로 통제 전략을 사용하는 시도가 남편뿐 아니라 일부 아내들에게서도 발견되었다. 이는 Johnson의 유형분류 체계가 다루고 있지 않은 부분임과 동시에 그가 제시한 상황적부부폭력 유형만으로 한국의 상황적부부폭력이 충분히 설명될 수 없음을 암시한다. 본 연구에서 상황적부부폭력 유형으로 분류된 한국 남성들은 배우자테러 가해자인 남성들처럼 부부 관계에서 권력을 장악하려는 직접적인 행동을 보이지는 않았지만 대부분은 남성권력에 대한 욕구를 가지고 있었다. 경우에 따라서 그 욕구를 드러내기도 하고, 욕구가 제대로 충족되지 않는 것에 불만을 표시하기도 하였지만, 그러한 욕구가 직접적인 통제 행동으로 연결되지는 않았다. 따라서 그들의 부부 권력 구조는 대체로 평등함이 유지되었다. 그러나, 부인이 특정 상황에서 남편 혹은 가장의 권위에 도전하거나, 그 권위를 무시하는 행동을 하거나 자존심을 건드릴 때, 그 상황에 폭력적으로 반응하는 경향을 보였다. 또한, 집요하고 체계적인 통제의 패턴은 찾아볼 수 없었지만 간헐적인 통제 시도가 감지되었다. 배우자테러 가해자와는 달리 상황적부부폭력 가해자 남편의 통제 시도가 여성들을 두렵게 하거나 억압하거나 구속하지 않았지만 권력에 대한 욕구나 남성성을 요구하는 제스처로 해석할 수 있다. 더 나아가서 일부 여성들이 갖고 있는 가부장적 성역할관, 즉, 남성의 경제력에 대한 기대도 이들 부부 갈등의 밑바닥에 깔려 있음을 알 수 있었는데, 남성의 경제적 무능력으로 인한 실망과 원망, 불만 등이 남편을 무시하는 말과 행동으로 이어져 갈등을 고조시키는 역할을 했다.

이와 같은 본 연구의 결과를 비추어 볼 때 한국의 경우 남성뿐만 아니라 여성들도 가부장제에 기반을 둔 전통적인 성역할관을 고수하고 있으며 배우자폭력의 유형을 막론하고 전통적인 성역할관에 위배되는 상황이 갈등적 부부역동의 기저를 형성하고 있음을 알 수 있다. 그렇다면 본 연구에서 상황적부부폭력으로 우선 분류한 한국의 부부관계에서 발생하는 폭력은 Johnson의 유형 분류 체계에서 제시한 상황적부부폭력과는 조금 다른 성격의 폭력이라고 볼 수 있다. 따라서, 한국의 배우자폭력을 보다 정확히 설명하기 위해서는 Johnson의 유형 체계에 전통적인 성역할관의 위반이 갈등 원인으로 작용하고 있는 상황적부부폭력의 하위 유형을 추가하는 것이 필요할 것으로 보인다. 보다 구체적인 적용 방안은 3절에서 논의할 것이다. Johnson (1995)은 상황적부부폭력을 경험하는 부부들에게 적합한 개입 방안으로 갈등해결을 위한 효율적인 부부의사소통과 긍정적인 문제해결 방식에 대한 개인 및 부부 대상 교육과 상담을 꼽았다. 본 연구의 결과를 보았을 때 한국의 경우에는 갈등 해결을 위한 부부교육과 상담 프로그램을 기본으로 하되 추가적으로 전통적인 성역할관을 둘러싼 부부 갈등의 원인을 탐색하고 남녀 평등한 성역할관을 성립할 수 있도록 지원하는 내용을 더한다면 더욱 효율적인 개입이 될 것으로 사료된다. 보다 구체적인 개입 방안은 4절에서 다루도록 한다.

3. 한국 사회에 적합한 배우자 폭력의 개념적 모형

본 절에서는 앞에서 언급한 Johnson의 배우자폭력 유형분류체계가 한국적인 특성을 반영하지 못했다는 한계점과 본 연구 결과를 토대로 Johnson의 유형 분류 체계를 보완함으로써 한국 사회에 적합한 배우자 폭력의 개념적 모형을 제안한다. 배우자테러의 경우 Johnson의 유형 분류 체계에 제시된 바와 유사하게 가부장적인 남성과 남성중심적인 권력 구조 및 통제 행위가 폭력 발생의 핵심적인 맥락을 이루고 있다. 극심하고 지속적인 물리적 폭력으로 말미암아 피해자가 경험하는 극도의 우울감과 수치심, 언제 또 다시 찾아올지 모르는 폭력에 대한 불안감과 공포, 가해자를 향한 두려움, 그리고 삶과 미래에 대한 절망감은 배우자테러의 일반적인 특성으로 한국 가정과 다문화 가정을 불문하고 공통적으로 발견되었다. 그러나 상황적부부폭력의 경우, Johnson이 제시한 특성들 외에 다른 양상이 발견되어 한국의 배우자폭력의 특성을 보다 더 잘 반영하고자 두 가지 하위 유형으로 분류하는 것이 적합하다고 판단하였다.

첫 번째 유형은 가부장적 가치관이 강하거나 중간인데 이것이 배우자테러에서 나타나는 전반적 통제 행동이 아닌 상황적 통제 시도로 나타나는 경우다. 상황적 통제 시도는 여성과 남성 양쪽이 다 참여할 수 있고 그 의도나 동기는 가부장적 가치관과 밀접한 관련이 있다. 예를 들면, 남성의 경제적 책임에 대해 강한 가부장적 성역할관을 갖고 있는 여성이 경제적으로 무능력한 남성에게 용돈을 주지 않으면서 모욕을 주거나 은행 계좌 내역을 일일이 확인해 보는 등 재정적인 활동을 심하게 간섭하고 통제하는 경우이다. 그러한 통제가 부부갈등을 고조시키는 역할을 하지만, 그 통제가 부부의 권력 구조를 변화시키거나 상대 배우자를 조종할 정도의 영향력은 없고, 남성 중심적 권력 구조가 아닌 평등하고 균형적인 권력 구조 안에서 상호 간 폭력이 발생하는 경우이다. 혹은 남성의 경우, 자신이 기대하는 만큼의 가부장적 권위를 부인이 인정하지 않거나 무시할 때 또는 자신이 갖고 있는 부인에 대한 가부장적인 기대(예: 순종적이고 집에서 살림하는 부인)에 어긋나는 행동을 부인이 할 때 순간적으로 그 상황에 폭력적으로 반응하거나, 이러한 불만이 쌓여서 고조된 갈등 상황 속에서 폭력이 발생하는 경우이다.

두 번째 유형은 남성과 여성 모두 부부의 성역할관에 대해서 가부장적 가치관이 낮지만, 성격이나 습관의 차이(술, 취미) 등 삶의 이슈들의 갈등에 효과적이지 못한 해결 방법으로 대처함으로써 폭력에까지 이르는 경우다. 이 유형에서도 상황적인 통제 시도가 가능하다고 보나 본 연구에서 이를 뒷받침할 만한 자료를 얻지 못하였다. 그러나 본 연구에서 이러한 유형은 부인이 한국 여성이든 결혼이민여성이든 관계없이 남녀의 학력이 비교적 높고, 경제 상황이 상대적으로 안정적인 30대 참여자들에게 집중되어 있었다. 반면에 상황적부부폭력을 경험한 40-50대 참여자들의 대부분은 첫 번째 유형으로 분류되었다. 이는 한국 사회가 남성중심적인 가부장사회에서 남녀평등적인 사회로 전환하고 있는 과도기적 맥락에서 가부장적 가치관의 정도 차이가 세대별로 크게 나타날 수 있음을 암시한다. 좀 더 확장된 세대별 표본을 확보하여 가부장적 가치관의 정도 차이와 그로 인한 부부 갈등을 살펴보는 후속 연구가 필요하다. 또한 앞으로 더 크고 체계적인 표본을 사용하여 이 모델에서 제안하고 있는 핵심적인 요인들을 심층적으로 탐색함으로써 이 모델을 수정 및 재구성하고, 추후 양적 분석을 통해서 수정된 모델의 타당성을 검증하는 후속 연구가 이루어져야 할 것이다.

4. 배우자 폭력 중재프로그램 개발을 위한 제언

본 절에서는 각 유형의 폭력을 경험한 한국 여성과 결혼이민여성들 및 배우자폭력의 가해자들을 위한 개입 방안에 대한 본 연구 결과의 함의를 고찰해 보고자 했다. 먼저, 배우자폭력 관련 국내의 사법제도 절차와 개입 프로그램이 갖고 있는 제한점을 중심으로 보완될 부분들을 본 연구 결과를 토대로 논의하고 배우자폭력의 유형별로 적합한 중재프로그램 개발을 위한 제언을 하였다. 다음으로, 본 연구에서 도출된 다문화가정에서 발생하는 배우자폭력의 특수성에 주목하여 다문화가정의 배우자폭력 피해자 및 가해자를 위한 중재프로그램을 개발할 때 특히 고려되어야 할 구체적인 내용을 짚어 보았다.

『가정폭력처벌법』 제 40조제1항에 의하면 피해자를 위한 보호처분이 필요하다고 판단되는 배우자폭력 사건의 경우 보호관찰, 접근행위 제한, 전기통신이용 접근행위 제한, 사회봉사, 수강명령, 보호관찰, 치료 및 상담위탁 등을 가해자에게 명할 수 있다. 보호처분은 피해자를 가해자로부터 분리시켜 보호하고 가해자 성행의 교정을 위한 적절한 조치라고 평가받아, 그 활용 건수가 꾸준히 증가하고 있는 추세이다. 하지만, 배우자폭력 사건의 신고일부터 심리 기일까지 5-6개월의 시간이 걸리는 경우도 있기 때문에 이 기간 동안 피해자가 가해자로부터 보호받지 못한 채 배우자폭력에 계속적으로 노출될 수 있다는 점은 개선되어야 한다(박희수, 2018). 피해자 보호를 목적으로 사법경찰관이 응급조치를 행사할 수 있으나 법적 강제성이 없기 때문에 가해자가 불응할 경우 아무 효력이 없으며, 피해자와 가해자를 퇴거 혹은 격리시키고 접근금지 조치를 내릴 수 있는 임시조치 제도가 있지만 사법경찰관이 담당 검사에게 신청해야 하고 법원의 결정까지 7-10일 정도가 소요되어 즉각적인 피해자보호가 불가능하다. 이러한 문제점을 보완하는 차원에서 2011년부터 시행된 긴급임시조치는 경찰이 직접 접근금지, 퇴거, 격리 조치를 내릴 수 있도록 했다. 하지만, 사후에 담당 검사의 청구를 통해 법원이 임시조치 결정을 내리지 않으면 경찰관의 조치는 취소되기 때문에 결국 무용지물한 조치라는 비판이 있다(장미혜, 2017, 박희수 2018에서 재인용).

이와 같은 사법제도의 절차 지연으로 인해 피해자 보호가 즉각적으로 이루어지지 못하고 있는 현재 국내 상황은 배우자테러의 피해자들에게 특히 더 치명적인 결과를 초래할 수 있다. 남성 파트너에게 살해당한 여성들과 학대 피해 여성들을 비교한 Campbell과 동료들의 연구(2003)에 따르면, 살해 여성의 66%가 매우 높은 수준의 통제행동을 보인 남성 파트너에게 살해된 반면, 학대 여성의 남성 파트너는 24%만이 높은 수준의 통제행동을 보였다. 남성 파트너의 살해시도에서 생존한 여성 30명을 인터뷰한 Nicolaidis와 동료들(2003)의 질적 연구에서도 83%의 생존 여성들이 자신의 파트너가 자신을 조종하고 통제하기 위해 사용한 전략들을 구체적으로 묘사하였다. 이러한 연구 결과들은 상황적부부폭력에 비해 높은 수준의 물리적 폭력뿐 아니라 배우자를 통제하는 행위가 부부 관계 전반에 깔려 있는 배우자테러의 경우 피해 여성들이 살해와 같은 상대적으로 매우 높은 위험에 노출되어 있음을 보여준다. 따라서, 배우자폭력 사건으로 신고가 들어왔을 경우 폭력 유형이 배우자테러인지 상황적부부폭력인지를 우선적으로 파악하여 대처하는 것이 필요하다.

현재 국내에서는 사법경찰관이 긴급임시조치 신청 결정을 내릴 때 사건의 위험성을 평가하기 위해 '가정폭력 재범위험성 평가표'(조은경 · 허선주, 2013)를 활용할 수 있다. 해당 평가표는 사건의 심각성, 피해자의 심리상태, 가정폭력 전력 및 가해자의 성격 및 심리적 특성에 대한 문항들로 구성되어 있으며, 만약 가해자가 고위험 가해자로 분류될 경우 긴급임시조치 신청이 가능하다. 하지만, 평가 문항 중 가해자의 통제행위 수준을 파악할 수 있는 내용이 포함되어 있지 않아 배우자테러와 상황적부부폭력 가해자를 식별하는 것은 불가능한 상황이다. 배우자테러인 경우에는 앞서 언급한 긴급임시조치의 제한점을 보완하여 즉각적인 격리 조취가 가능할 수 있는 사법제도를 마련하는 것이 시급하며, 격리 조취 이후에도 피해자의 신변 보호를 보장할 수 있는 법적 장치가 마련되어야 할 것이다. 상황적부부폭력은 배우자테러에 비해서 가해자와 피해자가 분리된 후에 폭력이 멈출 가능성이 높은 반면(Babcock, Green, & Robie, 2004; Johnson & Leone, 2005), 결혼을 유지하고 있는 피해 여성에 비해 이혼이나 별거 중인 피해 여성은 남성 가해자에 의해 살해당할 위험이 높다는 연구결과들(Hotton, 2001; Wilson & Daly, 1993)은 배우자테러의 피해자로 식별된 여성들에 대한 격리 및 보호조치가 장기적으로 이루어져야 할 필요가 있음을 뒷받침한다.

현재 가정폭력범죄에 대한 보호처분의 다양한 내용(접근금지, 보호관찰, 봉사수강, 상담 및 치료 등) 중 배우자폭력 가해자에 대한 지도감독을 실시하는 보호관찰 기간은 6개월에서 최대 1년이다(가정폭력범죄특례법 제 45조 제2항). 보호관찰 기간 동안 보호관찰자는 주거지 방문 등을 통해 피해자 및 보호관찰 대상자인 가해자와 접촉하면서 재범을 방지하고 교화 및 개선의 목적을 지니며 가정폭력 행위자에 대한 처우 방법으로 가장 빈번하게 활용되고 있다(강호성, 2008). 그러나, 배우자폭력에 특화된 실효성 있고 성공적인 보호관찰을 위한 매뉴얼이나 평가도구가 없는 상황이기 때문에 피해자가 도움을 요청하거나 가해자의 준수사항 위반 시 적절한 대처 방안이 부족해 피해자가 보호받지 못하는 위험이 있다. 특히, 폭력 유형이 배우자테러일 경우 보호관찰 기간뿐만 아니라 종료 후에도 피해자 보호 조치가 필수적으로 동반되어야 하며 상담과 치료가 병행될 수 있는 제도 마련이 필요하다.

상담 명령을 받은 배우자폭력 가해자들은 사전면접 후 개별상담, 부부상담, 혹은 집단 상담에 참여할 수 있다. 모든 가해자들을 동질적인 집단으로 간주하는 현 국내 사법제도가 갖는 가장 큰 한계점은 폭력 유형별로 특화된 상담 및 치료프로그램을 제공하지 못하고 있다는 것이다. 예컨대, 상황적부부폭력의 경우 부부간의 상호작용과 갈등 대처 방식을 탐색하고 이를 개선하기 위해 긍정적인 부부 의사소통 기술을 습득하고 훈련할 수 있는 부부상담과 개인의 가부장적인 성역할관을 검토하고, 분노조절 문제나 음주 같은 폭력 행사 원인 및 자신의 문제를 진단하고 반성할 수 있는 개인 상담을 병행하는 것이 가장 효과적이다. 상황적부부폭력을 경험한 부부들을 대상으로 하는 부부상담의 목적은 폭력을 부부 간의 문제적인 상호작용과 갈등에 대처하는 방식으로 보는 가족체계이론(Gelles & Maynard, 1987, Straus, 1973)에 근거한 모델에 따라 부정적인 상호작용 형성에 기여한 여러 요인들을 탐색하고 부부의 상호작용을 개선하는 것이 되어야 한다. 아울러, 폭력을 분노나 감정 조절 문제 결과로 보는 인지행동모델(Taft, Murphy, King, Musser, & DeDeyn, 2003)에 입각하여 폭력이 아닌 다른 방식으로 분노를 표출하는 법과 타임아웃 같은 감정조절법을 학습시키는 개인상담이나 집단상담이 유용할 것으로 사료된다.

상황적부부폭력을 경험한 부부들에게 효과적일 것으로 기대되는 이 접근은 배우자테러를 경험한 부부들에게는 효과가 미비할 수 있을 뿐 아니라 피해여성에게는 특히 위험할 수도 있다. 가해자에게 조종당하고 지속적으로 통제를 당해온 피해자의 경우 부부상담이나 부부집단상담에 가해자와 함께 참여하는 것은 위화감과 공포심을 유발할 수 있기 때문에 물리적 폭력과 정서적인 통제로 상처가 치료되고 심신 안정을 회복할 때까지 심리 치료를 받을 수 있는 개인상담이 우선되어야 할 것이다. 배우자테러의 가해자들을 대상으로 하는 중재프로그램은 배우자폭력을 지배적이고 통제적인 폭력으로 접근하는 여성주의 심리교육모델(Pence & Paymar, 1993)에 기반한 것이 가장 적절할 것으로 보인다. 이 모델을 적용한 프로그램은 다른 배우자테러 가해자들과 함께 참여하는 집단 수업을 통해 다양한 통제 행동들과 권위적인 관계의 파괴성을 탐색하고 배우자를 통제할 권리가 있다고 생각하는 인식의 문제점을 파악하는 다양한 연습들로 구성된다.

이상의 논의를 통해 각 유형의 배우자폭력을 경험한 한국 여성과 결혼이민여성들 및 가해자들을 위한 개입 방안에 대한 본 연구 결과의 함의를 고찰해 보고자 했다. 이어서, 다문화가정을 대상으로 하는 배우자폭력 중재프로그램 개발 시 구체적으로 반영되어야 할 내용들을 살펴보면 다음과 같다. 첫째, 배우자폭력의 유형 파악 이후 특정 유형에 맞는 적절한 개입이 이루어져야 하므로 우선 가해자의 통제행위에 대한 스크리닝이 필요하다. 통제 행동 패턴이 발견되는 경우라면 우선 가해자의 통제 행위가 부인을 마음대로 조종하기 위한 수단인지, 아니면 결혼 초반 서로에 대한 신뢰 부족으로 인한 불안과 노파심에 의한 것인지를 구분하는 것이 중요하다. 남편의 통제 행위는 부인에게 오해와 불만을 일으킬 수 있고, 궁극적으로 부부갈등을 초래할 수 있으며 더 나아가 폭력 행사로 이어질 수 있다. 만약 폭력의 본질이 상황적부부폭력이라면 여성이 아이를 낳고 자신과 평생 함께 살아갈 동반자요, 가족이라는 확신이 생기면서 부인을 통제할 당위성이 사라지고 남편의 통제로 인한 부부 갈등도 감소해서 상황이 나아질 수도 있다. 이러한 경우, 통제나 갈등을 경험하고 있는 부부들을 대상으로 하는 신뢰 구축 프로그램을 비롯하여 통제 행위에 대한 이해와 통제가 부부 관계에 끼치는 악영향 등에 대한 교육이 유용할 것이다.

현재 법무부에서 총 13개의 언어로 제공하는 결혼이민자 대상 『조기적응프로그램』은 필수 생활정보, 문화, 법에 대한 기본 내용과 더불어 부부와 가족 간 상호이해에 대한 수업, 그리고 선배 결혼이민자의 조언을 듣는 시간 등 총 3시간의 교육 과정으로 구성되어 있다. 내국인 배우자와 함께 동반 참석해야 하며, 이수자에 대한 혜택으로는 외국인 등록 시 2년간의 체류기간을 부여받게 된다. 하지만 해당 프로그램은 외국인 연예인과 방문취업 외국국적 동포에게만 필수 이수 규정이 적용되고 결혼이민자에게는 선택 규정이기 때문에 결혼 초기 다문화 부부들에게 적극적인 홍보가 필요할 것으로 보인다.

2011년부터 프로그램 이수가 의무화된 법무부의 『국제결혼안내프로그램』은 국제결혼의 부작용을 최소화하여 외국인과 혼인하거나 외국인 배우자를 국내로 초청하려고 하는 국제결혼자가 다른 문화와 환경에서 성장한 배우자를 잘 이해하고 행복한 가정을 형성할 수 있도록 지원하는 프로그램이다. 구체적인 교육 내용은 외국인 배우자 출신국의 문화, 제도, 예절 정보, 국제결혼 경험담과 상담 사례, 부부간

인권존중 및 갈등 해소 노력, 가정폭력 방지 내용을 다루는 인권 교육으로 구성되어 있다.

건강가정・다문화가족지원센터들의 홈페이지를 통해서 현재 다문화가정 부부들을 대상으로 진행 중인 총 9개의 부부관계 프로그램들을 찾을 수 있었다. 그러나 이 프로그램들은 산발적으로 제공되는 단기 프로그램들이고 부부의 의사소통방식, 문화이해교육, 다문화가족 관계향상 지원, 부부소통캠프, 가족 내 성평등 교육 등 부부관계 개선을 위한 다양한 내용을 다루고 있으나 부부 폭력이나 통제에 대해 구체적인 내용을 다루고 있지는 않다. 이상의 프로그램들이 부부폭력과 통제 행위 내용을 포함하고 이에 대한 홍보를 활성화 한다면 초창기 다문화 부부들이 서로의 문화 차이를 이해하고 건강한 의사소통 및 상호작용을 통해 서로 간에 신뢰와 친밀감을 형성해 나갈 수 있는 좋은 기회가 될 것이며 폭력 예방 차원에서도 효율적일 것이다.

이미 폭력을 경험하고 있는 부부라면 갈등의 핵심 요소가 무엇인지 상담을 통하여 파악하고 상담가와 의논하여 해결책을 찾고 관계 개선을 향상시키는 전문적인 부부 상담이 필요하다. 여성의 한국어 실력 향상 및 한국 문화와 사회에 대한 이해 그리고 부부의 의사소통 및 갈등대처법의 개선 등도 이들에게 도움이 될 것이다. 상황적부부폭력은 배우자테러와는 달리 적합한 중재 프로그램을 통한 개선 가능성이 상대적으로 높으므로 적극적인 지원으로 국제결혼 부부들이 폭력 없는 화목한 결혼 생활을 하고 자녀들에게 건강한 모델이 되어 줄 수 있도록 해야 할 것이다.

결혼한 지 몇 년이 지났는데도 통제행동이 지속되고 심각한 폭력과 학대가 계속 되고 있다면 이것은 전형적인 배우자테러의 경우로 먼저 여성이 안전한 곳으로 피신하고 심신의 안정을 취할 수 있도록 지원하는 것이 우선책이다. 본 연구 결과가 제시하였듯이 배우자테러의 피해 여성들은 남편에게 조종 및 학대를 당해왔고 남편을 많이 두려워하기 때문에 부부가 함께 참여하는 중재 프로그램은 적합하지 않다. 부인과 남편을 개별적으로 면담하여 상황을 파악하는 것이 중요하며, 부부가 재결합하는 것도 신중하게 접근해야만 한다.

배우자테러를 경험한 결혼이민여성들이 대부분 사회적으로 취약한 위치에 있음을 고려할 때, 이혼 후 이들이 사회에서 자립할 수 있는 기반을 우선적으로 마련해 주는 것이 이들을 위한 중재 프로그램의 핵심이 되어야 할 것이다. 구체적으로 한국어 교육, 자격증 취득 교육, 취업 교육 및 취업 알선 지원, 주택 지원, 체류 문제 해결, 자녀 양육 지원 등이 이들에게 우선적으로 제공하는 것이 시급하다. 무엇보다도 이러한 사회적 지원이 없다면 이들은 자녀 양육 문제나, 체류 문제 등으로 다시 폭력적인 남편에게 돌아갈 수밖에 없는 상황에 처할 수 있다.

본 연구는 다문화가정과 한국 가정에서 일어나는 배우자 폭력 유형들을 파악하고 각 유형별 폭력의 특성을 결혼 배경, 부부의 권력 구조, 통제 행동, 그리고 물리적 폭력을 중심으로 살펴봄으로써 배우자폭력에 대한 이해를 높이는 데 기여하였다. 또한 한국 가정과 다문화 가정을 비교함으로써 다문화 가정에서 발생하는 폭력의 특성을 파악할 수 있었다. 본 연구의 결과는 배우자 폭력의 유형별로 특화된 개입이 이루어져야 할 필요가 있음을 시사하며 사법 제도와 중재 프로그램에 대한 함의를 제공하였다.

| 참고문헌 |

강유진(1999). 한국 남성과 결혼한 중국 조선족 여성의 결혼생활 실태에 관한 연구. 한국가족관계학회지, 4(2), 61-80.

강호성(2008). 가정폭력사범에 대한 보호관찰 개입 및 처우의 발전 전략. 보호관찰, 8, 231-258.

곽금주(2008). 다문화가정 아동의 발달과 적응: 다문화 가정에서의 부모-자녀간의 상호 작용 패턴과 그 효과를 중심으로. 한국심리학회 연차 학술대회 논문집, 1-26.

고기숙 · 이금옥(2010). 가정폭력가해자의 심리사회적 특성에 관한 질적 연구. 한국피해자학회, 18(2), 129-157.

고기숙 · 정미경(2012). 결혼 이주 여성의 가정폭력 대처과정에 관한 근거 이론 접근. 한국콘텐츠학회논문지, 12(10), 254-279.

구차순(2007). 결혼 이주 여성의 다문화 가족 적응에 관한 연구. 한국가족복지학,20, 319-360.

국가인권위원회(2018). 결혼이주여성 체류실태.

김경신 · 김정란(2002). 가정폭력 가해자 개입 프로그램 효과분석-아내 학대 행위를 중심으로. 한국가족관계학회지, 7(1), 137-158.

김득성 · 김정옥 · 송정아(2000). 부부 의사소통 유형과 부부폭력과의 관계. 한국가정관리학회지, 18(1), 1-16.

김오남(2006). 여성 결혼이민자의 부부갈등 및 학대에 관한 연구: 사회문화적 요인을 중심으로. 한국가족복지학, 18, 33-76.

김준희(2019년 7월 7일). 남편 무차별 폭행 못 견뎌...베트남 아내는 몰래 영상 찍었다. 중앙일보. Retrieved from https://news.joins.com/article/23517845.

김지영・최훈석(2011). 결혼이주여성의 인권침해실태 및 대책에 관한 연구. 형사정책연구원 연구총서, 1-4.
김혜림・김재남(2017). 여성 결혼이민자의 인권보호에 관한 고찰. 법이론실무연구, 5(2), 81-112.
김현미(2006). 국제결혼의 전 지구적 젠더 정치학. 경제와 사회, 70, 10-37.
나상현(2019년 5월 20일). 살려달라고 신고했지만... 집으로 돌아온 아빠는 엄마를 찔렀다. 서울신문. Retrieved from https://www.seoul.co.kr/news/newsView.php?id=20190521004001
문혁준・최윤경・서소정(2009). 다문화가정 아동. 아동학회지, 30(6), 85-98.
박희수(2018). 가정폭력 피해자 보호를 위한 절차개선방안: 가정폭력전담재판부 도입을 중심으로. 이화젠더법학, 10(3), 77-109.
법무부(2019). 출입국・외국인정책 통계연보. 이민정보과.
변화순・이미정・김혜영・황정미・이선형(2008). 결혼이민자 여성의 가정폭력 피해현황과 지원체계 개선방안. 한국 여성정책연구소.
소병숙・정혜정(2002). 쉼터거주 아내들의 학대경험과 대처행동에 관한 질적 연구. 가족과 가족치료, 10, 169-197.
신은식(2012). 결혼이주민가정의 가정폭력에 대한 형사정책적 대응방안 연구. 한국경찰연구, 11(3), 117-142.
여성가족부(2017). 국제결혼중개업 실태조사.
오세연(2011). 가정폭력 상습성의 원인과 대응방안에 관한 연구, 한국중독범죄학회, 1(2), 82-105.
오세연・신인봉(2012). 다문화가정의 사회유대관계정도에 따른 가정폭력발생 위험성에 관한 연구. 사회과학연구, 19(1), 37-65.
윤경자(2000). 부부폭력 가해자 교육 프로그램의 모형. 한국가족관계학회지, 5(1), 187-208.
이명옥・하정희・박정민(2008). 가정폭력행위자의 특성과 폭력중지 과정변인에 대한 질적 연구. 한국심리학회지: 건강, 13(2), 391-410.
이은주(2007). 결혼이민여성 부부집단 프로그램의 개발과 평가에 관한 시론적 연구-필리핀 여성 부부를 중심으로, 가족과 문화, 19(1), 29-60.

임인숙(2000). 경제위기가 남편의 권위상실감에 미치는 영향. 한국사회학, 34(4), 1105-1127.

임인숙·강충구·전병희(2010). 국제결혼 경로별 부부권력과 부부관계 만족도 - 경기도 이주여성들을 중심으로. 가족과 문화, 22(1), 35-63.

장명선·이옥경(2009). 서울시 다문화가족 실태 및 지원체계 구축방안 연구. 서울시 여성가족재단.

장온정·박정윤(2010). 가정폭력 피해 결혼이민자여성의 경험과 지원체계 개선에 관한 연구. 한국가정관리학회지, 28(6), 221-234.

장진숙(2010). 결혼이주여성의 법적 지위와 인권. 교정복지연구, 20, 73-93.

장희숙·김예성(2004). 가정폭력 행위자의 유형: 이론에 따른 세 하위유형의 검증, 한국사회복지학, 56(3), 303-325.

장희숙·황순찬(2017). 부부폭력 가해여성의 체험: 생존폭력의 맥락적 의미. 가족과 가족치료, 25, 883-909.

정도희(2010). 가정폭력 예방 및 대응을 위한 다문화가족지원법 개선안. 경찰법연구, 8(2), 169-191.

정현미(2010). 결혼이민여성 가정폭력 피해현황과 지원체계 개선방안. 이화젠더법학, 1(1), 71-102.

조은경·허선주(2013). 경찰의 현장출동단계에서 가정폭력 피해자 보호를 위한 가정폭력 재범위험성 조사표 개발 및 활용 방안. 피해자학연구, 21(2), 87-110.

최연실(2008). 인구통계자료에 나타난 한국인 국제결혼의 사회인구학적 특성 분석. 한국가정관리학회지, 26(5), 279-298.

통계청(2018). 인구동태통계연보.

한국가정법률상담소(2018). 2018년 가정폭력행위자 상담 통계.

황해영·김영순·이춘양(2018). 가정폭력을 경험한 결혼이주여성의 이혼에 관한 내러티브 탐구. 학습자중심교과교육연구, 18, 909-927.

Berry, J. W. (2007). Acculturation strategies and adaptation. In J. E.

Lansford, K. Deater-Deckard, & M. H. Bornstein (Eds.), Immigrant families in contemporary society. New York, NY: The Guilford Press.

Babcock, J. C., Green, C. E., & Robie, C. (2004). Does batterers' treatment work? A meta-analytic review of domestic violence treatment. Clinical Psychology Review,23, 1023-1053.

Browne, Angela. (1987). Battered Women Who Kill. New York: Free Press.

Campbell, J. C., Webster, D., Koziol-McLain, J., Block, C., Campbell, D.,

Curry, M. A., et al. (2003). Risk factors for femicide in abusive relationships: Results from a multisite case control study. American Journal of Public Health, 93, 1089-1097.

Catalano, Shannan; Smith, Erica; Snyder, Howard; and Rand, Michael, "Female Victims of Violence" (2009). U.S. Department of Justice Publications and Materials. 7.

Dobash, R. E., & Dobash, R. P. (1979). Violence against wives. New York: Free Press.

Gelles, R. J. (1985). Family violence. Annual Review of Sociology, 11(1), 347-

Gelles, R. J. (1993). Through a sociological lens: Social structure and family violence. In R. J. Gelles & D. R. Loseke (Eds.), Current controversies on family violence (pp. 31-46). Newbury Park, CA: Sage.

Gelles, R.J., Maynard, P.(1987). A Structural Family Systems Approach to Intervention in Cases of Family Violence. Family Relations, Vol. 36, 270-275.

Gelles, R. J., & Straus, M. A. (1988). Intimate violence. New York: Simon & Schuster.

Graham-Kevan, N., & Archer, J. (2003). Intimate terrorism and common couple violence: A test of Johnson's predictions in four British samples. Journal of Interpersonal Violence, 18(11), 1247-1270.

Hotton, T. (2001). Spousal violence after marital separation. Juristat, 21(7), 1-19.

Johnson, M. P. (1995). Patriarchal terrorism and common couple violence: Two forms of violence against women. Journal of Marriage and the Family, 57(2), 283-294.

Johnson, M. P. (2006). Conflict and control: Gender symmetry and asymmetry in domestic violence. Violence against Women, 12(11), 1-16.

Johnson, M. P. (2008). A typology of domestic violence: Intimate terrorism, violent resistance, and situational couple violence. Lebanon, NH: Northeastern University Press.

Johnson, M. P., & Leone, J. M. (2005). The differential effects of intimate terrorism and situational couple violence: Findings from the National Violence Against Women survey. Journal of Family Issues, 26, 322-349.

Kurz, D. (1989). Social science perspectives on wife abuse: Current debates and future directions. Gender and Society, 3, 489-505.

Leone, J.M., Johnson, M.P., & Cohan, C. M. (2007). Victim help-seeking: Differences between intimate terrorism and situational couple violence. Family Relations, 56(5), 427-439.

McLeer, S. V., Anwar, A. R., Herman, S., & Maquiling, K. (1989). Education is not enough: A systems failure in protecting battered women. Annals of Emergency Medicine, 18(6), 651-653.

Martin, D. (1981). Battered wives. Volcano, CA: Volcano Press.

Nicolaidis, C., Curry, M. A., Ulrich, Y., Sharps, P., McFarlane, J., Campbell, D., et al. (2003). Could we have known? A qualitative analysis of data from women who survived an attempted homicide by an intimate partner. Journal of General Internal Medicine, 18, 788-794.

Pence, E., & Paymar, M. (1993). Education groups for men who batter: The Duluth model. New York: Springer.

Rai, A., & Choi, Y. J. (2018). Socio-cultural risk factors impacting domestic violence among South Asian immigrant women: A scoping review. Aggression and Violent Behavior, 38, 76-85.

Rosen, K. H., Stith, S. M., Few, A. L., Daly, K. L., & Tritt, D. R. (2005). A qualitative investigation of Johnson's typology. Violence & Victims, 20(3), 319-334.

Ross, J. M., & Bobcock, J. C. (2009). Gender differences in partner violence in context: Deconstructing Johnson's (2001) control-based typology of violent couples. Journal of Aggression, Maltreatment & Trauma, 18, 604-622.

Seol, D. (2006). Women marriage immigrants in Korea: Immigration process and adaptation.Asia- Pacific Forum, 33, 32-59.

Stark, E. (2006). Commentary on Johnson's "Conflict and control: Gender symmetry and asymmetry in domestic violence". Violence Against Women, 12(11), 1019-1025.

Straus, M. A. (1973). A general systems theory approach to a theory of violence between family members. Social Science Information, 12, 105-125.

Straus, M. (1980). A Sociological Perspective on the Prevention of Wife Beating. In M. Straus & G. Hotaling, The Social Causes of Husband-Wife Violence(Pp. 211-34). Minneapolis, US: University of Minnesota Press.

Straus, M. A., & Gelles, R. and Steinmetz. S.(1980). Behind closed doors: Violence in the American family. Garden City, NY:

Anchor/Doubleday.

Taft, C. T., Murphy, C. M., King, D. W., Musser, P. H., & DeDeyn, J. M. (2003). Process and treatment adherence factors in group cognitive-behavioral therapy for partner violent men. Journal of consulting and clinical psychology, 71(4), 812-820.

Walker, L. E. (1984). The battered woman syndrome. New York: Springer.

Walus-Wigle, J., & Meloy, J. R. (1988). Battered woman syndrome as a criminal defense. The Journal of Psychiatry & Law, 16(3), 389-404.

Wilson, M., & Daly, M. (1993). Spousal homicide risk and estrangement. Violence and Victims, 8, 3-16.

부록

부록 1. 인터뷰용 질문지

한국 여성용

배경

- 나이, 교육 수준, 남편의 나이와 교육 수준 및 직업, 결혼 전 교제기간, 결혼 기간, 현재 결혼 상태, 직업, 자녀
- 남편을 언제 어떻게 어디서 만났나요?
- 남편은 어떤 사람인가요? 본인이 생각하기에 남편과의 관계나 남편의 긍정적인 면(장점)에 대해서 말씀해 주세요.
- 지금 남편과의 결혼생활에 어느 정도 만족하십니까? 행복하십니까? 100점 만점에.
- 일반적으로 대한민국의 부부들은 결혼 생활에 만족한다는 연구 결과가 있습니다. 그러나, 다툼이나 갈등은 어느 관계에나 있기 마련이지요. 본인이 생각하기에 남편과의 관계에서 다툼이나 갈등을 일으키는 부분에 대해서 말씀해 주세요.
- 교제 기간 중 다투거나 하면 남편이 어떤 식으로 반응했나요?
- 교제 기간 중 다투거나 하면 당신은 어떤 식으로 반응했나요?
- 결혼 후 달라진 점이 있나요? 어떻게?
- 서로에게 화가 날 때는 언제인가요? 이유는?
- 화가 날 때 서로 어떻게 행동하나요?

성역할 및 부부 사이 권력 관계

- 집안의 중요한 결정은 주로 누가 하나요? 사소한 결정은? (식단, 생필품 구입)

- 돈 관리는 누가 하나요? 생활비를 남편에게 받아쓰나요? 집안의 수입이나 경제상황에 대해서 본인이 잘 알고 있나요?

****

이제부터 제가 여쭤보는 질문들은 민감하고 사적인 부분들을 담고 있습니다. 결혼 생활 중 남편과의 관계에서 당신이 겪었던 힘들고 괴로웠던 시간들에 대해서 당신의 느낌과 경험, 생각 등에 대해서 여쭤볼 것입니다. 면접 도중 과거나 배우자에 대한 좋지 못하거나 잊고 싶은 기억이 떠오르거나 수치스럽고 불쾌한 느낌이 드신다면, 면접을 중지하거나 어떤 특정한 질문에 대해 응답하는 것을 언제든지 미루거나 거부하실 수 있습니다. 면접을 계속 진행해도 괜찮으시겠습니까?

폭력

결혼해서 <u>남편이 당신에게</u> 물리적으로 공격적인 행동을 한 적이 있었나요?(여기서 물리적 공격이란 때리거나, 밀치거나, 물건을 던지거나, 발로 차거나, 할퀴거나 꼬집거나, 목을 조르거나, 신체 부위를 비트는 등의 행위를 말합니다.)

- 어느 정도 자주 있었나요?
- 처음으로 그런 일이 있었던 때를 기억하시나요? 언제였나요?

- 말다툼이 있었나요? 어떤 이유로?
- 남편이 어느 시점에서 폭력을 썼나요? 어떤 폭력?
- 남편이 어떤 말을 했나요?
- 당신은 폭력에 어떻게 반응했나요?(맞서 싸움, 피함, 그냥 맞음, 애원, 경찰신고)
- 가장 최근 혹은 마지막으로 그런 일이 있었던 상황에 대해서 말씀해주세요.
- 남편의 폭력에 대응하기 위한 차원이 아니라 당신이 물리적으로 공격적인 행동을 남편에게 먼저 한 적이 있었나요? 그때 상황에 대해서 자세히 말씀해 주세요.
- 남편과 살면서 남편의 (당신의) 폭력 정도와 빈도가 변했나요? 어떻게 변했나요?
- 폭력이 가장 심했거나, 기억나는 상황에 대해서 말씀해 주세요.
- 남편이 무섭거나 두렵게 느껴질 때가 있나요? 언제 그런가요?
- 남편의 폭력을 특별히 유발하는 계기나 상황이 있나요? 자세히 말씀해주세요.
- 당신이 남편을 겁주기 위해서 하는 행동이나 말이 있나요? 자세히 말씀해주세요.(그러는 동기, 남편의 반응)
- 당신이 남편에게 심하게 소리를 지르거나 화를 낸 적이 있나요? (빈도, 상황, 동기, 남편의 반응)

통제 행동 (부인이 남편에게 한 통제행동에 대해서도 물어보기)

- 남편이 협박하고 겁을 주면서 규칙을 정하거나 뭘 시키고 요구하나요? 협박과 규칙, 요구의 구체적인 내용은 무엇인가요?(자녀

양육, 살림, 잠자는 것, 먹는 것, 외출, 입는 것, 외모, 일하는 것, 친구 사귀는 것, 모임에 나가는 것, 경제적인 부분, 가족에게 연락하거나 만나는 것)

- 규칙을 어기거나 요구에 응하지 않으면 어떤 일이 벌어지나요? 협박한 대로 하나요? 폭력을 행사하나요?
- 당신이 하고 싶은 것을 남편의 이러한 부분 때문에, 남편이 정말 해를 끼칠까봐 무서워서 못한 적이 있나요? 그랬을 때 스스로 어떤 기분이 들었나요?
- 당신이 어디서 누구와 무엇을 하는지 남편이 알기를 강요하고 요구하나요? 어떻게 아나요?
- 친구를 만나거나, 물건을 사거나, 전화 사용, 외출 등이 자유롭나요?
- 자유롭지 않다면, 어떻게 자유롭지 않은지 말씀해 주실 수 있나요?
- 남편이 그런 식으로 통제하고 때로는 폭력을 행사하는 것이 다 당신의 잘못 때문이라고 말하나요? 당신이 초래한 것이라고 말하나요?
- 남편이 그런 식으로 당신을 통제하고 때로 폭력을 행사하는 것이 남편의 타당한 권리라고 생각하나요? (생각한 적이 있나요?)
- 남편이 당신을 다른 사람들 앞에서나 둘이만 있을 때 무시하고 당신은 아무것도 할 줄 모르는 한심한 존재라거나, 당신이 이상하고 미쳤다라는 식의 발언을 하나요?
- 남편이 집 밖에서도 폭력을 사용하나요?(직장, 동네, 등등)
- 남편이 당신에게 질투심을 느낀 적이 있나요? 그때 상황에 대해서 말씀해주세요. 어떤 일이 벌어졌나요?
- 남편이 당신을 의심하기도 하나요? 이유는? 그럴 경우 어떤 일이 벌어지나요?

자녀 개입 여부

- 남편의 폭력이나 통제에 자녀가 연관된 적이 있나요? 어떤 맥락에서?
- 자녀가 폭력을 목격한 적이 있나요? 자녀가 어떻게 반응했나요? 자녀에게 그것에 대해서 어떤 말을 해주었나요? 자녀가 폭력을 목격한 것에 대해서 어떻게 생각하나요?

기타

- 남편의 이러한 부분에 대해서 다른 사람과(친구, 가족, 경찰, 이웃, 사회기관 직원) 얘기하거나 도움을 청해본 적이 있나요? 결과가 어땠나요?
- 남편의 통제와 폭력으로 인해서 죽고 싶다는 생각을 한 적이 있나요?
- 남편이 죽었으면 좋겠다고 생각한 적이 있나요?
- 남편의 통제와 폭력으로 인해서 남편과 헤어지거나 남편을 떠나야 겠다고 생각한 적이 있나요? 그런 생각을 하게 된 배경은? 그 생각을 실천에 옮긴 적이 있다면, 그 상황에 대해서 말씀 해주세요(동기, 어떻게 실천에 옮겼는지, 장애물, 도움 받은 곳, 등등) 당신의 가출이 어떤 결과를 초래했나요?
- 떠나는 것을 어렵게 했던 요인들은 어떤 것들이 있나요?
- 요즘도 과거 남편의 폭력과 통제를 생각하면 갑자기 두려워지고 불안해지기도 하나요?
- 남편의 폭력과 통제가 본인에게 그리고 남편과의 관계 (결혼 생활)에 어떤 영향을 끼쳤다고 생각하나요?

- 근본적으로 남편은 왜 그렇게 당신에게 폭력과 통제 행동을 했다고 생각하나요?
- 가장 슬프고 외로울 때는 언제인가요? 이유는?
- 최근에 눈물 났던 때는 언제인가요? 이유는?
- 앞으로의 삶에 대해서 낙관적인가요? 이유는?
- 앞으로의 계획은?

보호시설 여성만

- 여기는 언제 어떻게 처음 오게 되었나요?(소개, 스스로, 경찰 개입, 등등)
- 오는데 어려움이나 장애물은 없었나요?
- 이곳 생활은 어떤가요?(하루 일과)
- 남편과의 접촉이 계속되고 있나요? 어떤 맥락에서? 폭력과 통제가 계속되고 있나요?
- 요즘도 과거 남편의 폭력과 통제를 생각하면 갑자기 두려워지고 불안해지기도 하나요?
- 남편의 폭력과 통제가 본인에게 어떤 영향을 끼쳤다고 생각하나요?
- 앞으로의 계획은?

결혼이민여성용

배경

- 나이, 출신국가, 한국에서 생활한 기간, 교육 수준, 남편의 나이와 교육 수준 및 직업, 결혼 전 교제기간, 결혼 기간, 현재 결혼 상태, 직업, 자녀
- 남편을 언제 어떻게 어디서 만났나요?
- 남편은 어떤 사람인가요? 본인이 생각하기에 남편과의 관계나 남편의 긍정적인 면(장점)에 대해서 말씀해 주세요.
- 지금 남편과의 결혼생활에 어느 정도 만족하십니까? 행복하십니까? 100점 만점에.
- 일반적으로 한국에 살고 있는 다문화 가정의 부부들은 결혼 생활에 만족하고 있다는 연구 결과가 있습니다. 그러나, 다툼이나 갈등은 어느 관계에나 있기 마련이지요. 본인이 생각하기에 남편과의 관계에서 다툼이나 갈등을 일으키는 부분에 대해서 말씀해 주세요.
- 결혼하기 전에(교제 중에, 혹은 결혼 초에) 다투거나 하면 남편이 어떤 식으로 반응했나요?
- 결혼하기 전에(교제 중에, 혹은 결혼 초에) 다투거나 하면 당신은 어떤 식으로 반응했나요?
- 결혼 후 달라진 점이 있나요? 어떻게?
- 서로에게 화가 날 때는 언제인가요? 이유는?
- 화가 날 때 서로 어떻게 행동하나요?

성역할 및 부부 사이 권력 관계

- 집안의 중요한 결정은 주로 누가 하나요? 사소한 결정은? (식단, 생필품 구입)

- 돈 관리는 누가 하나요? 생활비를 남편에게 받아쓰나요? 집안의 수입이나 경제상황에 대해서 본인이 잘 알고 있나요?

****

이제부터 제가 여쭤보는 질문들은 민감하고 사적인 부분들을 담고 있습니다. 결혼 생활 중 남편과의 관계에서 당신이 겪었던 힘들고 괴로웠던 시간들에 대해서 당신의 느낌과 경험, 생각 등에 대해서 여쭤볼 것입니다. 면접 도중 과거나 배우자에 대한 좋지 못하거나 잊고 싶은 기억이 떠오르거나 수치스럽고 불쾌한 느낌이 드신다면, 면접을 중지하거나 어떤 특정한 질문에 대해 응답하는 것을 언제든지 미루거나 거부하실 수 있습니다. 면접을 계속 진행해도 괜찮으시겠습니까?

폭력

결혼해서 **남편이 당신에게** 물리적으로 공격적인 행동을 한 적이 있었나요?(여기서 물리적 공격이란 때리거나, 밀치거나, 물건을 던지거나, 발로 차거나, 할퀴거나 꼬집거나, 목을 조르거나, 신체 부위를 비트는 등의 행위를 말합니다.)

- 처음으로 그런 일이 있었던 때를 기억하시나요? 언제였나요?
- 말다툼이 있었나요? 어떤 이유로?

- 남편이 어느 시점에서 폭력을 썼나요? 어떤 폭력?
- 남편이 어떤 말을 했나요?
- 당신은 폭력에 어떻게 반응했나요?(맞서 싸움, 피함, 그냥 맞음, 애원, 경찰신고)
- 가장 최근 혹은 마지막으로 그런 일이 있었던 상황에 대해서 말씀해주세요.
- 남편의 폭력에 대응하기 위한 차원이 아니라 당신이 물리적으로 공격적인 행동을 남편에게 먼저 한 적이 있었나요? 그때 상황에 대해서 자세히 말씀해 주세요.
- 남편과 살면서 남편의(당신의) 폭력 정도와 빈도가 변했나요? 어떻게 변했나요?
- 폭력이 가장 심했거나, 기억나는 상황에 대해서 말씀해 주세요.
- 남편이 무섭거나 두렵게 느껴질 때가 있나요? 언제 그런가요?
- 남편의 폭력을 특별히 유발하는 계기나 상황이 있나요? 자세히 말씀해주세요.
- 당신이 남편을 겁주기 위해서 하는 행동이나 말이 있나요? 자세히 말씀해주세요.(그러는 동기, 남편의 반응)
- 당신이 남편에게 심하게 소리를 지르거나 화를 낸 적이 있나요?(빈도, 상황, 동기, 남편의 반응)

통제 행동(부인이 남편에게 한 통제행동에 대해서도 물어보기)

- 남편이 협박하고 겁을 주면서 규칙을 정하거나 뭘 시키고 요구하나요? 협박과 규칙, 요구의 구체적인 내용은 무엇인가요?(자녀양육, 살림, 잠자는 것, 먹는 것, 외출, 입는 것, 외모, 일하는 것, 친구

사귀는 것, 모임에 나가는 것, 경제적인 부분, 가족에게 연락하거나 만나는 것)

- 규칙을 어기거나 요구에 응하지 않으면 어떤 일이 벌어지나요? 협박한 대로 하나요? 폭력을 행사하나요?
- 당신이 하고 싶은 것을 남편의 이러한 부분 때문에, 남편이 정말 해를 끼칠까봐 무서워서 못한 적이 있나요? 그랬을 때 스스로 어떤 기분이 들었나요?
- 당신이 어디서 누구와 무엇을 하는지 남편이 늘 알고 있나요? 어떻게 아나요?
- 친구를 만나거나, 물건을 사거나, 전화 사용, 외출 등이 자유롭나요?
- 자유롭지 않다면, 어떻게 자유롭지 않은지 말씀해 주실수 있나요?
- 남편이 그런 식으로 통제하고 때로는 폭력을 행사하는 것이 다 당신의 잘못 때문이라고 말하나요? 당신이 초래한 것이라고 말하나요?
- 남편이 그런 식으로 당신을 통제하고 때로 폭력을 행사하는 것이 남편의 타당한 권리라고 생각하나요?(생각한 적이 있나요?)
- 남편이 당신을 다른 사람들 앞에서나 둘이만 있을 때 무시하고 당신은 아무것도 할 줄 모르는 한심한 존재라거나, 당신이 이상하고 미쳤다라는 식의 발언을 하나요?
- 남편이 집 밖에서도 폭력을 사용하나요?(직장, 동네, 등등)
- 남편이 당신에게 질투심을 느낀 적이 있나요? 그때 상황에 대해서 말씀해주세요. 어떤 일이 벌어졌나요?
- 남편이 당신을 의심하기도 하나요? 이유는? 그럴 경우 어떤 일이 벌어지나요?

자녀 개입 여부

- 남편의 폭력이나 통제에 자녀가 연관된 적이 있나요? 어떤 맥락에서?
- 자녀가 폭력을 목격한 적이 있나요? 자녀가 어떻게 반응했나요? 자녀에게 그것에 대해서 어떤 말을 해주었나요? 자녀가 폭력을 목격한 것에 대해서 어떻게 생각하나요?

기타

- 남편의 이러한 부분에 대해서 다른 사람과(친구, 가족, 경찰, 이웃, 사회기관 직원) 얘기하거나 도움을 청해본 적이 있나요? 결과가 어땠나요?
- 남편의 통제와 폭력으로 인해서 죽고 싶다는 생각을 한 적이 있나요?
- 남편이 죽었으면 좋겠다고 생각한 적이 있나요?
- 남편의 통제와 폭력으로 인해서 남편과 헤어지거나 남편을 떠나야겠다고 생각한 적이 있나요? 그런 생각을 하게 된 배경은? 그 생각을 실천에 옮긴 적이 있다면, 그 상황에 대해서 말씀해주세요(동기, 어떻게 실천에 옮겼는지, 장애물, 도움 받은 곳, 등등) 당신의 가출이 어떤 결과를 초래했나요?
- 떠나는 것을 어렵게 했던 요인들은 어떤 것들이 있나요?
- 요즘도 과거 남편의 폭력과 통제를 생각하면 갑자기 두려워지고 불안해지기도 하나요?
- 남편의 폭력과 통제가 본인에게 그리고 남편과의 관계 (결혼 생활)에 어떤 영향을 끼쳤다고 생각하나요?

- 근본적으로 남편은 왜 그렇게 당신에게 폭력과 통제 행동을 했다고 생각하나요?
- 가장 슬프고 외로울 때는 언제인가요? 이유는?
- 최근에 눈물 났던 때는 언제인가요? 이유는?
- 앞으로의 삶에 대해서 낙관적인가요? 이유는?
- 앞으로의 계획은?

쉼터시설 여성만

- 여기는 언제 어떻게 처음 오게 되었나요?(소개, 스스로, 경찰 개입, 등등)
- 오는데 어려움이나 장애물은 없었나요?
- 이곳 생활은 어떤가요?(하루 일과)
- 남편과의 접촉이 계속되고 있나요? 어떤 맥락에서? 폭력과 통제가 계속되고 있나요?
- 요즘도 과거 남편의 폭력과 통제를 생각하면 갑자기 두려워지고 불안해지기도 하나요?
- 남편의 폭력과 통제가 본인에게 어떤 영향을 끼쳤다고 생각하나요?
- 앞으로의 계획은?

남성용

배경

- 나이, 교육수준, 부인의 나이와 교육 수준 및 직업, 결혼 전 교제기간, 결혼 기간, 현재 결혼 상태, 직업, 자녀
- 부인을 언제 어떻게 어디서 만났나요?
- 부인은 어떤 사람인가요? 본인이 생각하기에 부인과의 관계나 부인의 긍정적인 면(장점)에 대해서 말씀해 주세요.
- 지금 부인과의 결혼생활에 어느 정도 만족하십니까? 행복하십니까? 100점 만점에.
- 일반적으로 대한민국의 부부들은 (한국의 다문화 가족 부부들은) 결혼 생활에 만족한다는 연구 결과가 있습니다. 그러나, 다툼이나 갈등은 어느 관계에나 있기 마련이지요. 본인이 생각하기에 부인과의 관계에서 다툼이나 갈등을 일으키는 부분에 대해서 말씀해 주세요.
- 교제 기간 중 다투거나 하면 부인이 어떤 식으로 반응했나요?
- 교제 기간 중 다투거나 하면 당신은 어떤 식으로 반응했나요?
- 결혼 후 달라진 점이 있나요? 어떻게?
- 서로에게 가장 화가 날 때는 언제인가요? 이유는?
- 화가 날 때 서로 어떻게 행동하나요?

성역할 및 부부 사이 권력 관계

- 집안의 중요한 결정은 주로 누가 하나요? 사소한 결정은? (식단, 생필품 구입,)
- 돈 관리는 누가 하나요? 집안의 수입이나 경제상황에 대해서 부인이 잘 알고 있나요?

****

이제부터 제가 여쭤보는 질문은 민감하고 어려운 주제입니다. 결혼생활 중 힘들고 괴로웠던 시간들에 대해서 당신의 느낌과 경험, 생각 등에 대해서 여쭤볼 것입니다. 면접 도중 과거나 배우자에 대한 좋지 못하거나 잊고 싶은 기억이 떠오르거나 수치스럽고 불쾌한 느낌이 드신다면, 면접을 중지하거나 어떤 특정한 질문에 대해 응답하는 것을 언제든지 미루거나 거부하실 수 있습니다. 면접을 계속 진행해도 괜찮으시겠습니까?

폭력

- 결혼해서 부인이 당신에게 물리적으로 공격적인 행동을 한 적이 있었나요? 어느 정도 자주? 여기서 물리적 공격이란 때리거나, 밀치거나, 물건을 던지거나, 발로 차거나, 할퀴거나 꼬집거나, 목을 조르거나, 신체 부위를 비트는 등의 행위를 말합니다.
- 처음으로 그런 일이 있었던 때를 기억하시나요? 언제였나요?
- 말다툼이 있었나요? 어떤 이유로?
- 부인이 어느 시점에서 폭력을 썼나요? 어떤 폭력?
- 부인이 어떤 말을 했나요?

- 당신은 폭력에 어떻게 반응했나요? (맞서 싸움, 피함, 그냥 맞음, 애원, 경찰 신고)
- 가장 최근 혹은 마지막으로 그런 일이 있었던 상황에 대해서 말씀해주세요.
- 부인과 살면서 부인의 폭력 정도와 빈도가 변했나요? 어떻게 변했나요? 왜 그렇게 변했다고 생각하나요?
- 부인의 폭력이 결혼 생활에 어떤 영향을 미쳤다고 생각하나요?
- 부인이 무섭거나 두렵게 느껴질 때가 있나요? 언제 그런가요?
- 부인의 폭력을 특별히 유발하는 계기나 상황이 있나요? 자세히 말씀해주세요.
- 부인의 폭력에 대응하기 위한 차원이 아니라 당신이 물리적으로 공격적인 행동을 부인에게 먼저 한 적이 있었나요? 그때 상황에 대해서 자세히 말씀해 주세요.
- 처음으로 당신이 부인에게 폭력을 사용했을 때에 대해서 말씀해주세요.
- 말다툼이 있었나요? 어떤 이유로?
- 어느 시점에서 폭력을 썼나요? 어떤 폭력?
- 부인이 폭력에 어떻게 반응했나요?(맞서 싸움, 피함, 그냥 맞음, 애원, 경찰신고)
- 폭력 상황 후 부인에게 어떻게 했나요?(사과, 무시)
- 폭력 후 어떤 기분이 들었나요?
- 가장 최근 혹은 마지막으로 그런 일이 있었던 상황에 대해서 말씀해주세요.
- 부인과 살면서 본인의 (부인의) 폭력 정도와 빈도가 변했나요? 어떻게 변했나요? 왜 그렇게 변했다고 생각하나요?

- 본인의 폭력이 결혼 생활에 어떤 영향을 미쳤다고 생각하나요?
- 부인과의 결혼 생활 중 가장 화가 나고 폭력이 심했던 기억나는 상황에 대해서 말씀해 주세요.

통제 행동(남편이 부인으로부터 당한 통제행동에 대해서도 물어보기)

- 당신이 부인에게 협박하고 겁을 주면서 규칙을 정하거나 뭘 시키고 요구하나요?
- 협박과 규칙, 요구의 구체적인 내용은 무엇인가요? (자녀양육, 살림, 잠자는 것, 먹는 것, 외출, 입는 것, 외모, 일하는 것, 친구 사귀는 것, 모임에 나가는 것, 경제적인 부분, 가족에게 연락하거나 만나는 것)
- 부인이 당신의 그러한 요구나 행동에 대해서 어떻게 반응하나요?
- 규칙을 어기거나 요구에 응하지 않으면 어떤 일이 벌어지나요? 협박한 대로 하나요? 폭력을 행사하나요?
- 부인이 당신에게 그러기도 하나요? (규칙을 정하고 겁주고 하는 일)
- 당신이 하고 싶은 것을 부인의 이러한 부분 때문에, 부인이 정말 해를 끼칠까봐 무서워서 못한 적이 있나요? 그랬을 때 스스로 어떤 기분이 들었나요?
- 당신이 어디서 누구와 무엇을 하는지 부인이 늘 알고 있나요? 어떻게 아나요?
- 부인이 어디서 누구와 무엇을 하는지 아는 것이 당신에게 중요한가요? 왜 그런가요?
- 친구를 만나거나, 물건을 사거나, 전화 사용, 외출 등이 자유롭나요?
- 자유롭지 않다면, 어떻게 자유롭지 않은지 말씀해 주실 수 있나요?

- 부인이 그런 식으로 당신을 통제하고 때로는 폭력을 행사하는 것이 다 당신의 잘못 때문이라고 말하나요? 당신이 초래한 것이라고 말하나요?
- 부인이 당신을 다른 사람들 앞에서나 둘이만 있을 때 무시하고 당신은 아무것도 할 줄 모르는 한심한 존재라거나, 당신이 이상하고 미쳤다라는 식의 발언을 하나요? 당신은 이에 어떻게 반응하나요?
- 부인이 당신에게 질투심을 느낀 적이 있나요? 그때 상황에 대해서 말씀해주세요. 어떤 일이 벌어졌나요?
- 부인이 당신을 의심하기도 하나요? 이유는? 그럴 경우 어떤 일이 벌어지나요?
- 부인에게 질투심을 느낀 적이 있나요?
- 부인이 의심 가는 행동을 하거나 아내로서 혹은 엄마로서 부적합한 행동을 한 적이 있다면 그것에 대해서 얘기해 주세요. 당신은 어떻게 반응했나요?

자녀 개입 여부

- 자녀가 폭력을 목격한 적이 있나요? 자녀가 어떻게 반응했나요? 자녀에게 그것에 대해서 어떤 말을 해주었나요? 자녀가 폭력을 목격한 것에 대해서 어떻게 생각하나요?

기타

- 집 밖에서도 폭력을 사용한 적이 있나요? (직장, 동네, 등등) 그

상황에 대해서 말씀해주세요.

- (부인의 혹은 본인의) 이러한 부분에 대해서 다른 사람과(친구, 가족, 경찰, 이웃, 사회기관 직원) 얘기하거나 도움을 청해본 적이 있나요? 결과가 어땠나요?
- 부인의 통제와 폭력으로 인해서 죽고 싶다는 생각을 한 적이 있나요?
- 부인이 죽었으면 좋겠다고 생각한 적이 있나요?
- 요즘도 과거 부인의 폭력과 통제를 생각하면 갑자기 두려워지고 불안해지기도 하나요?
- 부인의 통제와 폭력으로 인해서 헤어지거나 부인을 떠나야 겠다고 생각한 적이 있나요? 그런 생각을 하게 된 배경은? 그 생각을 실천에 옮긴 적이 있다면, 그 상황에 대해서 말씀 해주세요 (동기, 어떻게 실천에 옮겼는지, 장애물, 도움 받은 곳, 등등) 당신의 가출이 어떤 결과를 초래했나요?
- 떠나는 것을 어렵게 했던 요인들은 어떤 것들이 있나요?
- 부인이 당신과 헤어지려고 당신을 떠나거나 가출을 한 적이 있나요? 그때 상황에 대해서 말씀해주세요.
- 부인의 폭력과 통제가 부인에게 그리고 부인과의 관계 (결혼 생활)에 어떤 영향을 끼쳤다고 생각하나요?
- 본인의 폭력과 통제가 본인에게 그리고 부인과의 관계 (결혼 생활)에 어떤 영향을 끼쳤다고 생각하나요?
- 근본적으로 부인은 왜 그렇게 당신에게 폭력과 통제 행동을 했다고 생각하나요?
- 근본적으로 당신은 왜 그렇게 부인에게 폭력과 통제 행동을 했다고 생각하나요?

〈표 2-1〉 한국 여성 참여자의 인구학적 특성(계속)

	모집 출처	나이	결혼 상태	결혼 기간	직업	자녀수 (나이)	학력	배우자 나이	배우자 학력	배우자 직업	부부 월수입
한국 여성#1	인터넷	38	이혼	9년	파트타임 학원강사	2(9세, 7세)	대졸	41	모름	회사원	모름
한국 여성#2	인터넷	34	결혼	5개월	파트타임	없음	고졸	34	대졸	없음	160만원
한국 여성#3	인터넷	49	결혼	20년	없음	2(19, 17)	대졸	47	대졸	회사원	800만원
한국 여성#4	인터넷	27	결혼	1년	파트타임 학원강사	없음	대졸	39	대졸	사업	500만원 (남3:여2)
한국 여성#5	인터넷	30	별거중	7년	파트타임 학원강사	2(7,4)	대졸	35	대졸	회사원	400만원
한국 여성#6	인터넷	33	결혼	10년	파트타임	2(7살 쌍둥이)	초대졸	45	고졸	파트타임	200만원
한국 여성#7	가해자 교육	41	결혼	17년	간호조무사	2(17,11)	초대졸	44	고졸	파트타임	120만원
한국 여성#8	쉼터	28	이혼	3년	파트타임	1(4)	대졸	36	대졸	파트타임	일정치 않음
한국 여성#9	쉼터	41	이혼 소송중	7년	자영업	1(6)	고졸	42	대졸	없음	200 정도
한국 여성#10	쉼터	49	이혼 소송중	9년	자영업	1(9)	중학교 중퇴	60	고졸	없음	일정치 않음
한국 여성#11	쉼터	29	결혼	8년	강사	1(8)	대졸	32	대졸	자영업	일정치 않음

	모집 출처	나이	결혼 상태	결혼 기간	직업	자녀수 (나이)	학력	배우자 나이	배우자 학력	배우자 직업	부부 월수입
한국 여성#12	쉼터	35	이혼 소송중	13년	파트타임	2(10,8)	고졸	49	고졸	파트타임	130
한국 여성#13	쉼터	29	이혼 소송중	5년	사무직	2(6,2)	전문대졸	30	고졸	공장직	잘 모름
한국 여성#14	쉼터	30	이혼 소송중	6년	없음	1(4)	전문대 졸	34	전문대 중퇴	파트타임	일정치 않음
한국 여성#15	인터넷	34	결혼	10년	없음	3 (나이 잘 모름)	대졸	38	고졸	회사원	220만원
한국 여성#16	쉼터	30	이혼 소송중	2년	없음	1(2)	전문대 졸	31	고졸	회사원	250만원
한국 여성#17	쉼터	36	이혼 소송중	8년	없음	3 (나이 잘 모름)	잘 모름	42	고졸	자영업	500만원
한국 여성#18	쉼터	42	이혼 소송중	12년	없음	2(10,7)	고졸	40	대졸	공무원	잘 모름
한국 여성#19	인터넷	30	결혼	5년	보험설계사	2(5,3)	대졸	32	고졸	생산직	450만원(남: 250 여:200)

〈표 2-2〉 한국 여성과 혼인한 한국 남성 참여자의 인구학적 특성

	모집 출처	나이	결혼 상태	결혼 기간	직업	자녀수 (나이)	학력	배우자 나이	배우자 학력	배우자 직업	부부 월수입
한국 남성#1	인터넷	31	별거	5년	회사원	2 (4,3)	대졸	31	대졸	모름	300만원
한국 남성#2	인터넷	40	이혼	7년	회사원	1(8)	대졸	42	전문대 졸	모름	150~250만원
한국 남성#3	인터넷	44	결혼	17년	회사원	2 (18,16)	대졸	43	대졸	파트타임	320만원
한국 남성#4	인터넷	40	별거중	17년	회사원	2 (17,15)	대졸	44	고졸	없음	350만원
한국 남성#5	인터넷	35	결혼	9년	회사원	1(7)	대졸	33	전문대 졸	없음	연봉 5,500
한국 남성#6	가해자 교육	54	재혼	4년	파트타임 노동직	없음	중졸	53	고졸	파트타임	일정치 않음
한국 남성#7	가해자 교육	44	결혼	17년	파트타임 노동직	2 (17,11)	고졸	41	초대졸	전일제	120만원

〈표 2-3〉 결혼이민여성 참여자의 인구학적 특성

	모집 출처	입국 년도	나이 (출신국)	결혼 상태	결혼 기간	직업	자녀 수 (나이)	학력	배우자 나이	배우자 학력	배우자 직업	부부 월수입
결혼이민여성#1	쉼터	2004	37(중국)	이혼	6년	잘 모름	없음	전문대졸	43	잘모름	없음	120만원
결혼이민여성#2	쉼터	2000	33(필리핀)	이혼	6년	파트타임 영어강사	1(5) 두 명 사망	잘모름	41	잘모름	전일제	잘 모름
결혼이민여성#3	쉼터	2007	48(중국)	이혼소송중	3년	파트타임	없음	고졸	54	고졸	잘모름	잘 모름
결혼이민여성#4	외국인지원센터	2006	27(베트남)	결혼	4년	잘모름	1(5)	초졸	47	잘모름	잘모름	잘 모름
결혼이민여성#5	외국인지원센터	2005	43(몽골)	재혼	5년	잘모름	2(잘 모름)	대졸	44	대졸	파트타임	잘 모름
결혼이민여성#6	쉼터	2010	23(베트남)	소송 중	3개월	없음	1(1)	잘 모름	37	잘 모름	잘 모름	잘 모름
결혼이민여성#7	설문조사	2008	28 (우즈벡)	결혼	2년	없음	1(2)	대졸	43	대졸	전일제	300만 원
결혼이민여성#8	설문조사	1999	49 (중국)	이혼	8년	노동	1(8)	고졸	51	초등 중퇴	없음	잘 모름
결혼이민여성#9	설문조사	1997	40(중국)	결혼	13년	회사	1(13)	대졸	51	고등 중퇴	파트타임	잘 모름
결혼이민여성#10	쉼터	2006	26 (필리핀)	별거 중	5년	잘 모름	2(4 ,3)	고졸	57	대졸	전일제	잘 모름
결혼이민여성#11	설문조사	2000	39(중국)	결혼	10년	중국어학원 강사	1(12)	대학원재학중	42	대학재학중	파트타임	400
결혼이민여성#12	설문조사	2004	32 (중국)	결혼	7년	회계법인에서 근무	3(6, 3, 3)	석사	35	대졸	회사	400-500
결혼이민여성#13	설문조사	1988	54(일본)	결혼	20년	공장근무	3 (20, 18, 14)	대졸	56	중졸	없음	100만 원
결혼이민여성#14	설문조사	1995	50 (일본)	결혼	16년	파트타임 일어강사	3(14, 13, 10)	2년제 졸	49	고졸	파트타임	300
결혼이민여성#15	법률상담소	2001	57(러시아)	이혼 소송 중		파트타임 노동직	잘 모름(재혼)	대학원 졸	65	초등 중퇴	파트타임 노동직	300만 원
결혼이민여성#16	외국인 지원센터	1995	41(필리핀)	이혼	17년	파트타임 노동직	2(11, 15)	잘 모름	42	중졸	파트타임 노동직	잘 모름
결혼이민여성#17	외국인 지원센터	2000	34(필리핀)	이혼	11년	파트타임 영어강사	2(5, 3)	대졸	42	고졸	파트타임 장사	잘 모름

〈표 2-4〉 결혼이민여성 참여자의 한국인 남편 참여자의 인구학적 특성

	모집 출처	나이	결혼 상태	결혼 기간	직업	자녀수 (나이)	학력	배우자 나이	배우자 학력	배우자 직업	부부 월수입
한국남편#8 (결혼이민여성#7)	설문조사	43	결혼	4년	건설업	1(3)	대졸	28	3년제 대졸	없음	연봉 4,200
한국남편#9 (결혼이민여성#14)	설문조사	49	결혼	16년	건축업	3(14,13,10)	고졸	50	대졸	파트타임	550(여자 200,남자 350)
한국남편#10 (결혼이민여성 #11)	설문조사	42	결혼	10년	파트타임 배달원	1(12)	대학 재학 중	39	야간 대학원 재학 중	파트타임	400(여자250 남자 150)
한국남편#11 (결혼이민여성 #12)	설문조사	35	결혼	7년	회사원	3 (6, 3살 쌍둥이)	대졸	32	대학원 졸	회계법인 근무	400-500

아산재단연구총서

001 전환기의 중국경제
김윤환 외 | 단국대 경제학과

002 폴란드 경제의 변천 개혁과 그 전망
김광수 | 숭실대 경제학과

003 재소한인
이광규 외 | 서울대 인류학과

004 소련산림과 임업
홍성천 외 | 경북대 임학과

005 아세안의 정치경제
김국진 외 | 외교안보연구원

006 태국의 사회변동과 경제발전
최석만 외 | 전남대 사회학과

007 중국의 사회경제 통계분석
신한풍 외 | 고려대 통계학과

008 중국의 정치와 경제
박두복 외 | 외교안보연구원

009 동유럽의 개혁과 시장경제의 도입
허만 외 | 부산대 사범대학

010 동유럽의 개혁운동
박영신 | 연세대 사회학과

011 현대 러시아 연구
기연수 외 | 한국외대 노어과

012 전략적 선택과 기업의 국제경쟁력
이장호 | 서강대 경영대학

013 협동사회의 정착과 정부의 역할
이종범 외 | 고려대 행정학과

014 한국 제조기업 생산성의 동적 분석
노부호 외 | 중앙대 경영대학

015 분배의 정의
변형윤 외 | 서울대 경제학과

016 도덕적 행동의 강화
이훈구 외 | 연세대 심리학과

017 관료부패와 통제
김해동 외 | 서울대 행정대학원

018 한국경제의 내실 있는 성장
정창영 외 | 연세대 경제학과

019 한국국민정신운동의 역사와 발전방향
박수명 외 | 부산대 사범대학

020 한국대학생의 가치성향과 상담효과
이영희 외 | 숙명여대 교육학과

021 가출청소년과 학교관리체제
안창규 외 | 부산대 교육학과

022 동북아 정세변화와 한 · 일관계
한승조 외 | 고려대 정치외교학과

023 언론과 부정부패
정대철 외 | 한양대 신문방송학과

024 한국의 고등학교 교육
이원호 외 | 부산대 교육학과

025 가족과 방송
김학수 외 | 서강대 신문방송학과

026 재정개혁의 전망과 재산세제의 개편과제
오연천 | 서울대 행정대학원

027 청소년을 위한 전자게임 프로그램의 규제 및 평가체계 개발
박혜원 외 | 울산대 가정관리학과

028 정신장애자 가족의 사회심리적 특성
이근후 외 | 이화여대 의과대학

029 가족의 관계역동성과 문제인식
이광규 외 | 서울대 인류학과

030 현대인과 한국전통음식
승정자 | 숙명여대 식품영양학과

031 기업의 초고속정보통신망활용
안중호 | 서울대 경영학과

032 지역발전을 위한 교육자치제의 개선방안
김남순 | 조선대 사범대학

033 전환기의 공무원 가치관
조경호 | 울산대 행정학과

034 지방자치와 사회복지의 과제
김영모 | 중앙대 사회복지학과

035 WTO체제하의 지방중소기업 지원정책
최명주 외 | 계명대 통상학부

036 현대한국의 시민운동
이효선 | 중앙대 사회학과

037 기업 세계화의 단계 및 정도의 측정
허영도 외 | 울산대 경영학과

038 가족복지를 위한 가족주치의 시범사업의 효과
이혜리 외 | 연세대 가정의학교실

039 한국대학생의 삶의 만족도
김재은 외 | 이화여대 교육심리학과

040 지역경제와 지역산업구조의 개편방향
정기화 외 | 전남대 경제학부

041 중국기업의 소유형태별 경영특성
노철화 외 | 부산대 무역학과

042 남북한의 인성 · 사상교육
한승조 외 | 고려대 정치외교학과

043 연계적 뇌기능 조언을 위한 의료용 멀티미디어 시스템의 설계
유선국 | 연세대 의용공학교실

044 다민족국가의 민족문제와 한인사회
최협 외 | 전남대 인류학과

045 저소득층지역 청소년 여가문화와 소집단 활성화
박문수 외 | 서강대 사회학과

046 삶의 질의 국제비교와 지역간 비교분석
이재기 외 | 울산대 경제학과

047 21세기 지역주민의 삶의 질
양종회 외 | 성균관대 사회학과

048 삶의 질에 대한 국가간 비교
조명한 외 | 서울대 심리학과

049 외국인 노동자의 노사관계와 사회적 적응
석현호 외 | 성균관대 사회학과

050 한국의 사법제도와 발전 모델
정종섭 | 건국대 법학과

051 고령화사회와 중상층 노인의 사회활동
조성남 외 | 이화여대 사회학과

052 한국의 서비스 시장 개방정책
한홍렬 | 한양대 경제학부

053 한국과 AFTA간의 교역증진 및 경제 협력방안
손일태 외 | 경희대 경제통상학부

054 물류비 절감을 위한 무역업체의 정보화전략
이영수 외 | 경북대 경제통상학부

055 사회주의 체제전환과 사회정책
오정수 외 | 충남대 사회복지학과

056 남북통일 이후 농업생산체계 개편
홍성규 외 | 건국대 농업경제학과

057 국제화와 세계화
하영선 외 | 서울대 외교학과

058 IMF 개혁정책의 평가와 한국경제의 신(新) 패러다임
조동근 | 명지대 경제학과

059 구조개혁과 실업대책
박동운 | 단국대 경제무역학부

060 21세기 신노사관계
심윤종 외 | 성균관대 사회학과

061 학교에서의 집단 따돌림
이춘재 외 | 가톨릭대 심리학과

062 한국노인의 정신건강실태와 건강증진
조맹제 외 | 서울대 의과대학

063 혁명과 개혁 속의 중국 농민
김광억 | 서울대 인류학과

064 중국의 경제환경과 한국기업의 진출 전략
지용희 외 | 서강대 경영학과

065 김대중 대통령의 시스템 사고
김동환 | 중앙대 공공정책학부

066 실업과 가족해체
최일섭 외 | 서울대 사회복지학과

067 합리적 부채비율 조정방안
오상근 | 동아대 경제학과

068 한국 중산층의 생활문화
문숙재 외 | 이화여대 소비자 · 인간발달학과

069 계층간 갈등상태에서 최적소득세
김진욱 | 건국대 경상학부

070 글로벌 경쟁력 제고를 위한 기업전략과 조직구축
이만우 외 | 고려대 경영학과

071 의료보험과 국민연금의 관리효율화를 위한 통합방안
사공진 외 | 한양대 경제학부

072 정부개혁의 과제와 전략
박우서 외 | 연세대 행정학과

073 책임운영기관 제도에 관한 비교분석
김근세 | 가톨릭대 행정학과

074 새로운 패러다임하에서의 한국기업의 바람직한 지배구조
최운열 외 | 서강대 경영학과

075 현대 한국사회의 계층구조
양춘 외 | 고려대 사회학과

076 한국의 산업정책과 산업구조조정
강인수 | 숙명여대 경제학부

077 기업구조조정
김석진 | 경북대 경영학부

078 지식경영을 위한 인적자원 개발 및 관리체계
장영철 | 경희대 경영학부

079 뉴 비즈니스 모델
전성현 | 국민대 정보관리학부

080 중산층의 정체성과 소비문화
함인희 외 | 이화여대 사회학과

081 외국관광객 유치를 위한 마케팅 전략
박상규 | 강원대 경영학과

082 한국인의 세대별 문학의식
이동순 | 영남대 국문과

083 공공부문의 효율성 평가와 측정
김재홍 외 | 울산대 사회과학부

084 한국 청소년의 정치의식과 형성요인
김광웅 외 | 숙명여대 아동복지학과

085 한국 대학생의 정치의식
배한동 | 경북대 윤리교육과

086 산업의 정보화와 산업발전
이기동 | 계명대 통상학부

087 한국 제조업의 고용조정 분석
이종원 외 | 성균관대 경제학부

088 지식자산에 대한 경영전략적 평가모형 개발
배재학 외 | 울산대 컴퓨터 · 정보통신공학부

089 관광사업을 위한 한국적 이미지의 휴식복 개발
채금석 | 숙명여대 의류학과

090 한국 정치제도의 개혁
신정현 | 경희대 사회과학부

091 e비즈니스와 아웃소싱 전략
정승화 외 | 연세대 경영학과

092 집단 따돌림의 진단 및 치료방안
홍준표 | 중앙대 인간생활환경학과

093 16대 총선과 낙선운동
조기숙 | 이화여대 국제대학원

094 부동층 유권자 행태 분석
진영재 | 연세대 정치외교학과

095 사이버 공동체의 성공요인
이재관 | 숭실대 경영학부

096 온라인 소비자 행동의 이론과 실증
윤성준 | 경기대 경영학부

097 글로벌 시대 정약용 세계관의 가능성과 한계
차성환 | 한일장신대 역사사회학과

098 러시아의 체제전환 과정에서 나타난 국가의 역할과 그 전망
이상민 외 | 부산대 정치외교학과

099 남북한의 경제발전 수준과 산업구조 비교, 그리고 경제교류 협력방향
주성환 | 건국대 경제학과

100 집단따돌림과 교육해체
한준상 | 연세대 교육학과

101 공적연금제도의 효율성과 개선방안
유금록 | 군산대 행정복지학부

102 벤처기업-대기업의 성공적인 협력 모델
나중덕 | 경산대 경영학과

103 북한의 재외동포정책
조정남 외 | 고려대 정치외교학과

104 사이버 공동체 형성의 역동적 모형
장용호 | 서강대 신문방송학과

105 기업이론과 기업의 소유지배구조
김일태 외 | 전남대 경제학부

106 가축분뇨 자원화를 위한 공동이용 조직에 대한 농가선호도 분석
유덕기 | 동국대 생명자원경제학과

107 개혁정책과 전문가 집단
이경원 외 | 제주대 행정학과

108 현대 한국사회의 이중가치체계
신수진 외 | 이화여대 가정관리학과

109 한국의 산업구조 변화와 기업집단 다각화 전략
김용학 외 | 연세대 사회학과

110 지식정보사회의 경제적 모형 설정 및 사례 연구
김범환 | 배제대 경영정보학부

111 변호사징계제도
오종근 | 한림대 법학부

112 인터넷 특허법
김순석 | 광주대 법학과

113 e-비즈니스 시대의 금융 및 재정정책의 새로운 패러다임
이종욱 | 서울여대 경제학과

114 청소년의 하위문화와 정체성
조성남 | 이화여대 사회학과

115 디지털금융시대의 금융구조변화와 정부규제 및 정책
이충열 | 고려대 경제학부

116 지식경영을 위한 기업의 조직설계방안
김경수 외 | 전남대 경영학과

117 전자금융의 발달과 경제정책의 새로운 패러다임
이명훈 | 명지대 경제학과

118 동아시아의 안보와 유엔체제
강성학 편저 | 고려대 정치외교학과

119 유료 치매노인 그룹홈의 개발과 관련 정책
최정신 외 | 가톨릭대 소비자 · 주거학과

120 소비자 지향적 문화산업 정책
홍영준 | 호남대 광고홍보학과

121 국제 · 국가 · 지방 환경규제의 연계
정준금 외 | 울산대 행정학과

122 현행 회사 합병 · 분할제도의 평가와 개선방안
옥무석 외 | 이화여대 법학과

123 배려지향적 도덕성과 정의지향적 도덕성
정옥분 외 | 고려대 사범대학

124 기업구조조정에 대한 채권금융기관 및 금융감독기관의 역할과 책임
이중기 | 한림대 법학과

125 실업대책으로서 한국의 법정기준근로 시간 단축
박영범 | 한성대 경제학과

126 프랑스어의 비분리성 소유개념 표현
노윤채 | 연세대 언어정보연구원

127 지방채의 효율적 관리방안
강태구 | 호원대 법행정학부

128 21세기 산업구조 변화와 과학기술정책
임채성 외 | 그리스도신학대 경영정보학부

129 인터넷 쇼핑몰 이용자의 불평행동
예종석 | 한양대 경영학부

130 한국기업의 성과급제도 현황, 효과 및 개선방안
김성수 | 서울대 경영학과

131 전자상거래와 소비자보호
서민교 외 | 경일대 인터넷국제통상학과

132 평생학습 사회에서의 인적자원개발을 위한 사회적 파트너십 구축
김영화 | 홍익대 교육학과

133 한국 공교육의 새로운 구상과 전략
권대봉 외 | 고려대 교육학과

134 한국의 정부개혁
김태룡 | 상지대 행정학과

135 지방정부 생산성 측정의 이론과 실제
이은국 외 | 연세대 행정학과

136 불가 시문학론
배규범 | 경희대 학술연구 교수

137 남북경제교류의 법적 문제
제성호 | 중앙대 법학과

138 경제위기와 청소년 발달
구인회 | 서울대 사회복지학과

139 생명과학기술의 응용과 기본권보호적 한계
정상기 외 | 한남대 법학과

140 경제발전과 정치환경의 한 · 일 비교분석
정갑영 외 | 연세대 동서문제연구원

141 한국 공교육의 진단
윤정일 외 | 서울대 교육학과

142 우리나라 지방자치 발전을 위한 자치단체장의 역할
정성호 외 | 경기대 사회과학부

143 의료보험제도의 개혁방안
권순원 | 덕성여대 경제학과

144 중등 도덕교육의 현실과 문제
손동현 외 | 성균관대 철학과

145 사이버공동체 발전론
이명식 | 상명대 경영학과

146 남북경협 확대에 대비한 북한 담보제도의 정비방안
박훤일 | 경희대 법과대학

147 한국 공무원 인사제도 개혁
김판석 | 연세대 행정학과

148 교사화법 교육
임칠성 외 | 전남대 국어교육과

149 세계화의 문화정치학
임혁백 외 | 고려대 정치외교학과

150 효과적인 e-SCM을 위한 의사결정조정 시스템 모형
이원준 | 성균관대 경영학부

151 환경거버넌스
김종순 외 | 건국대 행정학과

152 자동차산업의 인적자원관리
이덕로 | 서원대 경영학부

153 한국과 영국 간 지식기반산업 비교
이명호 | 한국외대 경영학과

154 한국 벤처기업의 기술네트워킹 및 기술마케팅 전략
장영일 | 인제대 경영학부

155 회사변호사의 윤리
오승종 | 성균관대 법과대학

156 미디어교육론
이정춘 | 중앙대 신문방송학과

157 조선시대 서원과 양반
윤희면 | 전남대 역사교육과

158 환경문제와 철학
박찬국 | 서울대 철학과

159 노인보건복지 이론과 실제
김명 외 | 이화여대 보건교육학과

160 북한의 법체계
권재열 외 | 숭실대 법학과

161 생명공학기술의 안전성 확보에 관한 법적 고찰
이재협 | 경희대 법학부

162 청소년복지학
김성이 외 | 이화여대 사회복지학과

163 변화하는 세계, 변화하는 복지국가
조영훈 | 동의대 사회복지학과

164 의리의 윤리와 한국의 유교문화
김낙진 | 진주교대 도덕교육과

165 미국의 통상정책과 통상법
윤충원 | 전북대 무역학과

166 사회복지 프로그램 평가
김학주 | 경상대 사회복지학과

167 환경주의와 지속가능한 발전
정대연 | 제주대 사회학과

168 무역과 환경
김기흥 외 | 경기대 경제학부

169 산업계 유해폐기물의 위험과 관리
김금수 | 호서대 경상학부

170 백범 김구의 지적 계발과정 탐색
문용린 | 서울대 교육학과

171 태평양전쟁 발발 이후 일제의 인적 지배와 그리스도교계의 대응
윤선자 | 전남대 사학과

172 거버넌스 상황에서 갈등관리를 위한 대체적 분쟁해결제도
서순복 | 광주대 법정학부

173 시장경제의 유형과 민주주의
최배근 | 건국대 경상학부

174 일본고전소설 총론
김현정 | 국립한국전통문화학교

175 국어 교육을 위한 국어 문법론
이관규 | 홍익대 국어교육과

176 율곡의 군주론
전세영 | 부산교대 윤리교육과

177 동북아시아 환경협력
정서용 | 명지대 법학과

178 기후변화협약과 기후정책
신의순 외 | 연세대 경제학과

179 인터넷과 국제 학술정보 네트워크-하이퍼링크 분석
박한우 | 영남대 언론정보학과

180 국내 기업복지의 활성화 방안
최수찬 | 연세대 사회복지대학원

181 세계화와 인간안보
김우상 외 | 연세대 정치외교학과

182 세계문화유산 종묘 이야기
지두환 | 국민대 국사학과

183 한국 평생교육의 사회철학적 과제
곽삼근 | 이화여대 교육학과

184 강점모델
정순둘 | 이화여대 사회복지학과

185 글로벌시대의 계약법
박영복 | 한국외대 법과대학

186 배심제와 시민의 사법참여
안경환 | 서울대 법학과

187 동북아공동체
김재한 | 한림대 정치외교학과

188 정치 참여와 탈물질주의
김욱 | 배재대 정치외교학과

189 퍼지전문가회로망을 이용한 금융기관의 사이버 기업여신결정 지원시스템의 개발
권혁대 | 목원대 경영학과

190 환경정책과 환경법
송인성 | 전남대 지역개발학과

191 포스트모던 시대의 평생교육학
한숭희 | 서울대 교육학과

192 현대 한국인의 세대경험과 문화
박길성 외 | 고려대 사회학과

193 서구의 근로연계복지
김종일 | 건국대 사회복지학과

194 사회복지운동론
현외성 | 경남대 사회복지학과

195 외국의 역모기지 사례
유선종 | 건국대 부동산학과

196 옛이야기와 어린이문학
이지호 | 진주교대 국어교육학과

197 노인사회복지관광의 정책과제와 방안
김창수 | 경기대 관광학부

198 복지서비스의 민간위탁 시스템 분석
김순양 | 영남대 행정학부

199 새로운 빈곤층의 대두와 정부의 정책과제
김진욱 | 건국대 경제학과

200 문화행정론
김정수 | 한양대 행정학과

201 스칸디나비아 노인용 코하우징의 계획과 적용
최정신 외 | 가톨릭대 생활과학부

202 북한의 자연생태계
공우석 | 경희대 지리학과

203 통계로 이해하는 러시아
전홍찬 | 부산대 정치외교학과

204 사회복지법인의 경영과 회계
이동규 | 충남대 회계학과

205 의약분업 정책과정
차흥봉 | 한림대 사회복지학과

206 지역공동체와 평생교육
오혁진 | 동의대 평생교육학부

207 아동보호서비스의 실제
한미현 | 백석대 사회복지학부

208 그린마케팅
박재기 | 충남대 경영학부

209 아동권리와 아동복지
이혜원 | 성공회대 사회복지학과

210 국제 이주와 인도인 디아스포라
김경학 | 전남대 인류학과

211 질병과 의료의 사회학
조병희 | 서울대 보건대학원

212 북한이탈주민의 사회통합을 위한 지역복지실천의 모색
이기영 | 부산대 사회복지학과

213 치매노인케어론
조유향 | 초당대 간호학과

214 노인상담입문
서혜경 외 | 한림대 대학원 사회복지학과

215 '통일 이후 통일과정'으로서의 독일 통일영화
이준서 | 이화여대 독어독문학과

216 중국의 사회보장
오정수 | 충남대 사회복지학과

217 환경자원의 경제적 가치와 환경오염의 사회적 비용
김재홍 | 울산대 사회과학부

218 사회복지프로그램의 경제적 평가방법
박창제 외 | 상주대 사회복지학과

219 자유의지와 결정론
안건훈 | 강원대 철학과

220 심리학자들이 쓴 행복한 결혼의 심리학
채규만 외 | 성신여대 심리학과

221 현대 해석학 강의
양해림 | 충남대 철학과

222 한국인의 주거 빈곤과 공공주택
하성규 | 중앙대 도시및지역계획학과

223 IMF 경제위기와 한국 출산력의 변화
김두섭 | 한양대 사회학과

224 동아시아의 영토분쟁과 국제법
이석우 | 인하대 법학부

225 독일 복지국가와 사회복지서비스
정재훈 | 서울여대 사회사업학과

226 사회복지사를 위한 실용 비모수통계
엄명용 | 성균관대 사회복지학과

227 피해자학 연구
이윤호 | 동국대 경찰행정학과

228 광고언어창작론
박영준 외 | 부경대 국어국문학과

229 환경규제 패러다임의 전환
한철 | 한남대 법학과

230 고령사회의 노동환경변화와 고용 시스템의 문제점 및 법적 대응
고준기 | 국립군산대 법학과

231 세계화와 소득불평등
이성균 외 | 울산대 사회과학부

232 유비쿼터스 사회의 이해
안중호 외 | 서울대 경영학과

233 국제환경책임법론
박병도 | 건국대 법학과

234 한국의 선거와 민주주의
윤종빈 | 명지대 정치외교학과

235 한국 시민운동의 구조와 동학
조대엽 외 | 고려대 사회학과

236 또래관계
송영혜 | 대구대 재활심리학과

237 해외 한국기업과 현지인 노동자
석현호 외 | 에스코이아학술문화재단

238 독일 국가복지에서 민간복지단체의 역할과 의미
차성환 외 | 한일장신대 사회복지학부

239 청정공학
조정호 | 동양대 생명화학공학과

240 한국전통연희론
심상교 | 부산교육대 국어교육학과

241 정신장애와 가족
서미경 | 경상대 사회복지학부

242 빈곤통계의 작성과 활용
김주환 | 동국대 정보통계학과

243 인터넷과 한국정치
강원택 | 숭실대 정치외교학과

244 북한의 시장경제이행
정영화 외 | 서경대 법학과

245 시스템사고로 본 지속가능한 도시
문태훈 | 중앙대 도시및지역계획학과

246 실버산업과 유비쿼터스 컴퓨팅
고일상 | 전남대 경영학부

247 재활상담과 사례관리
나운환 | 대구대 직업재활학과

248 영유아교육기관에서의 장애 이해 교육
유수옥 | 우석대 유아특수교육과

249 장애의 사회적 의미와 사회통합
박수경 | 대진대 사회복지학과

250 경제분석의 수리적 기초
조인성 | 공주대 경제통상학부

251 비영리부문의 비교연구
김승현 | 서울산업대 행정학과

252 고등교육경제학
반상진 | 전북대 교육학과

253 과학윤리교육의 이론과 방법
조희형 | 강원대 과학교육학부

254 결혼이민자가족의 이해
김오남 | 대불대 사회복지학과

255 동아시아 국가의 공공부조
신동면 | 경희대 사회과학부

256 특수아동 진단 및 평가
이나미 | 대불대 특수교육과

257 계약형 사회복지와 권리옹호시스템
이명현 | 경북대 상주캠퍼스 사회복지학과

258 실내공기질 및 위해성 관리
양원호 | 대구가톨릭대 산업보건학과

259 충남 방언 문법
한영목 | 충남대 국어국문학과

260 교육권론
노기호 | 군산대 법학과

261 도시경관계획론
임승빈 | 서울대 조경 · 지역시스템공학부

262 교통의 새로운 패러다임
김형철 | 경원대 도시계획 · 조경학부

263 노인의 삶의 질 향상을 위한 주거환경 디자인
천진희 | 상명대 디자인대학 실내디자인전공

264 사회복지와 문화
박병현 | 부산대 사회복지학과

265 장애인복지의 이론과 실제
이선우 | 인제대 사회복지학과

266 창의성 개발을 위한 디자인교육 콘텐츠
김선영 | 인천가톨릭대 조형예술대학 환경디자인학과

267 구성주의 사회복지 실천 기술론
고미영 | 서울신학대 사회복지학과

268 장애아교육학
김기흥 | 부산교육대 유아교육과

269 지역사회복지와 자원부문
한상진 외 | 울산대 사회학과

270 환경관리회계
육근효 | 부산외국어대 회계학부

271 인권 관점에서 보는 장애인복지
유동철 | 동의대 사회복지학과

272 정신증상
송지영 | 경희대 의과대학병원 신경정신과

273 사이버공간의 사회심리학
이성식 외 | 숭실대 정보사회학과

274 노인에 대한 사회적 돌봄과 돌봄서비스의 질 보장
최희경 | 신라대 가족노인복지학과

275 아동 심리치료의 실제
신현균 | 전남대 심리학과

276 사회복지와 위험관리
노충래 | 이화여대 사회복지전문대학원

277 국제 탄소시장의 이해
양승룡 | 고려대 식품자원경제학과

278 타자의 초상
신문수 | 서울대 영어교육과

279 한국정치와 환경정치
나정원 | 강원대 정치외교학과

280 북한이주민
윤인진 | 고려대 사회학과

281 음주의 사회경제적 비용
정우진 외 | 연세대 보건대학원

282 지방정치와 동북아 도시거버넌스
박재욱 | 신라대 행정학과

283 노숙인 복지론
남기철 | 동덕여대 사회복지학과

284 유럽통합과정과 지역협력
이규영 | 서강대 국제대학원

285 사회복지재정 연구
지은구 | 계명대 사회과학대학 사회복지학과

286 지역사회 교육개혁을 위한 시민사회 조직의 참여
김영화 | 홍익대 교육학과

287 복지사회를 대비한 국민연금의 구조개혁
박영석 외 | 서강대 경영학부

288 한미 FTA 지재권 협상에 따른 의약품 분야 사회후생 변화
오근엽 | 충남대 무역학과

289 산업입지, 환경 그리고 지역경제
이기동 외 | 계명대 국제통상학과

290 감성지능 개발을 통한 삶의 질 향상
김경수 외 | 전남대 경영학부

291 교육복지론
이용교 외 | 광주대 사회복지학부

292 인간과 행복에 대한 철학적 성찰
박찬국 | 서울대 철학과

293 유럽연합의 사회통합 사례와 교훈
이무성 | 명지대 정치외교학과

294 민영화와 사회후생
이상호 | 전남대 경제학부

295 북한의 교육학 체계 연구
최영표 외 | 동신대 교육대학원

296 한국 지속가능발전의 구조와 변동
정대연 | 제주대 사회학과

297 우리나라의 공익 연계 마케팅에 관한 연구
임승희 | 전주대 경영학부

298 시각장애인복지론
김영일 | 조선대 특수교육과

299 그린에너지와 환경촉매
정석진 | 경희대 화학공학과

300 취약학교 초등학생을 위한 온라인 보건교육 프로그램
박경옥 | 이화여대 보건관리학과

301 신탁제도를 통한 고령자의 보호와 지원
최수정 | 서강대 법학전문대학원

302 사회적 약자계층에 대한 실태분석 및 정책방안
이은우 외 | 울산대 경제학과

303 한류 문화와 동북아 공동체
최혜실 | 경희대 국어국문학과

304 노동유연화와 해고보호법
권혁 | 부산대 법학전문대학원

305 사회복지 위험관리의 이해
박미은 | 한남대 사회복지학과

306 의료기관의 회계와 세무
노준화 | 충남대 경영학부

307 여성인적자원의 전문성 확보를 위한 경력개발
백지연 | 이화여대 국제사무학과

308 정신병리
강선경 | 서강대 신학대학원

309 바다의 반란 적조
윤양호 | 전남대 해양기술학부

310 한국 장애인 복지 발달사
이성규 | 서울시립대 사회복지학과

311 서양예술 속의 동양 탐색
진상범 | 전북대 독어독문학과

312 한국인의 도덕성 발달 진단
문용린 | 서울대 교육학과

313 영국정치와 국가복지
고세훈 | 고려대 공공행정학부

314 인간학적 사유를 여는 중도 · 중복장애 교육학
이숙정 | 단국대 특수교육과

315 개별화 교육과정
이소현 | 이화여대 특수교육과

316 인간의 긍정적 성품
권석만 | 서울대 심리학과

317 지방자치와 지역여성의 전망
이혜숙 | 경상대 사회학과

318 한국 현대 노년소설 연구
전흥남 | 한려대 교양학부

319 정보격차 해소를 위한 창의적 정보교육 프로그램
이영준 외 | 한국교원대 컴퓨터교육과

320 한국 가족과 젠더
손승영 | 동덕여대 교양학부

321 한국의 복지혼합
김진욱 | 서강대 신학대학원

322 사회자본과 자원봉사
김태룡 외 | 상지대 행정학과

323 농촌교육복지연구
박삼철 | 단국대 교양학부

324 사회정체성 평가 차원에 대한 국제비교조사
이명진 | 고려대 사회학과

325 캐나다 복지국가 연구
조영훈 | 동의대 사회복지학과

326 한국의 소수자운동과 인권정책
전영평 외 | 서울대 행정대학원

327 한국과 미국의 보육서비스 전달체계와 품질 비교분석
김근세 외 | 성균관대 국정관리대학원

328 한국사회의 소득불평등과 국민 의료이용
이용재 | 호서대 사회복지학과

329 정보시대의 인간안보
조화순 | 연세대 정치외교학과

330 가족의 사회경제적 특성과 아동발달
김광혁 | 전주대 사회복지학과

331 초 · 중 · 고등학생의 학업소진 진행과정 및 경로분석
이상민 | 고려대 교육학과

332 다문화사회의 사법통역
이지은 | 이화여대 통역번역대학원

333 동아시아 지역주의
유현석 | 경희대 정치외교학과

334 환경친화적 공공시설관리와 지역공동체의 삶의 질
이소영 | 중앙대 실내디자인 · 주거환경학과

335 의료보험의 법정책
김나경 | 성신여대 법과대학

336 양극화 시대 가족해체와 청소년의 적응에 관한 한국과 미국의 비교 연구
오승환 외 | 울산대 사회복지학과

337 기업의 사회적 책임과 지역경제사회 발전 연구
허영도 외 | 울산대 경영학부

338 노인의 삶의 질 향상을 위한 온라인 소셜 네트워크 구축 방안
김진우 | 연세대 경영학과

339 청소년 생활역량
윤명희 외 | 동의대 평생교육학과

340 외국인 배우자의 다양성과 국제결혼의 안정성
김두섭 | 한양대 사회학과

341 정보인권의 규범구체화
이민영 | 가톨릭대 법학과

342 한국 사회복지실천의 고유성
최성재 외 | 서울대 사회복지학과

343 스웨덴의 환경책임 실천모형
최희경 | 경북대 행정학부

344 자율운동과 주거공동체
윤수종 | 전남대 사회학과

345 한국인의 공공봉사동기
김상묵 | 서울과학기술대 행정학과

346 한국 이혼가정 아동의 성장
김혜숙 | 경인교육대 교육학과

347 동양 사상과 노인 복지
홍승표 외 | 계명대 사회학과

348 노동과 사회보장의 연계
오문완 | 울산대 법학과

349 학습장애 위험군 아동의 조기선별을 위한 읽기검사 표준화 연구
김애화 외 | 단국대 특수교육학과

350 신 · 재생에너지에 기초한 녹색성장과 사회통합
김인호 | 이화여대 법학전문대학원

351 문화교류역량과 다문화 경영이 기업 경영성과에 미치는 영향
임병학 외 | 부산외대 경영학부

352 빈곤영유아의 발달과 적응
정익중 외 | 이화여대 사회복지학과

353 민사법질서와 인권
양천수 | 영남대 법학전문대학원

354 성년후견제도와 사회복지제도의 연계
신권철 | 서울시립대 법학전문대학원

355 한국 다문화사회의 이방인
김순양 | 영남대 행정학과

356 현대 시민사회와 소비자계약법
이병준 | 한국외대 법학전문대학원

357 개인의 사회적 정보보호를 위한 공공 정보서비스 개선 연구
장항배 | 상명대 경영학과

358 여성교육투자에 대한 교육경제학적 탐색
백일우 외 | 연세대 교육학부

359 사회적 기업과 지속가능한 지역발전
임업 외 | 연세대 도시공학과

360 다문화가정 구성원에 대한 투트랙 한국어 교육방안 연구
박시균 | 군산대 국어국문학과

361 아시아의 빈곤과 한국기업의 역할
한인수 | 충남대 경영학부

362 유치원 · 초등학교 연계 환경교육
박희숙 | 공주대 유아교육학과

363 비정규 고용과 사회정책
구인회 외 | 서울대 사회복지학과

364 사생활의 자유에 관한 비교법적 연구
이창현 | 서강대 법학전문대학원

365 다중융합 환경 기반의 미디어스킨을 활용한 문화콘텐츠 디자인 적용방안에 관한 연구
오문석 외 | 광운대 미디어영상학부

366 북한이탈주민 여성의 성인식 관련 기초조사
한인영 외 | 이화여대 사회복지학과

367 노인주택 파노라마
유선종 | 건국대 부동산학과

368 시설보호 청년의 적응
정선욱 | 덕성여대 사회복지학과

369 다수 집단과 소수 집단의 심리
김혜숙 | 아주대 심리학과

370 바이오 휴머니티
권택영 | 경희대 영어학부

371 프랑스 다문화교육의 이해
이경수 | 상명대 불어교육과

372 한 · 중 서비스산업의 비교분석과 교역 확대 방안
김상호 | 리츠메이칸 아시아태평양대 국제경영학부

373 현대의학에 있어서 생명의 시간과 인간의 존엄
김학태 | 한국외대 법학전문대학원

374 0~3세 영유아의 영상물 과몰입 실태조사 및 정신건강증진 프로그램 개발과 적용
이경숙 | 한신대 재활학과

375 복지국가의 조세와 정치
양재진 외 | 연세대 행정학과

376 청소년기 자살행위 실태와 관련 요인
박선희 | 경희대 간호과학대학

377 기술혁신에 따른 지역 간 정보격차
최정혜 외 | 연세대 경영대학

378 한국 사회의 이중구조와 생애주기적 불평등
안상훈 편 | 서울대 사회복지학과

379 소비자의 친환경행동에 영향을 미치는 사회적 · 경제적 가치에 대한 고찰
송재기 | 텍사스테크대 경영학과

380 어머니 양육행동 관련 변인들과 유아 사회정서행동 간의 구조모형 분석
심숙영 | 숙명여대 원격대학원

381 조선족 여성, 동남아시아 여성 그리고 새터민의 적응 유형 분석 및 삶의 질 향상 방안 모색
정태연 | 중앙대 심리학과

382 세계의 연금, 한국의 연금
허만형 | 중앙대 공공인재학부

383 노인요양원과 문화 변화
최재성 | 연세대 사회복지학과

384 시민사회와 국제개발협력
손혁상 | 경희대 공공대학원

385 복지국가의 변화와 빈곤정책
김윤태 | 고려대 사회학과

386 다문화가정의 미디어 이용과 사회적 자본의 관계
진창현 | 경기대 경영학과

387 사회진출 대졸 초년생의 탄력성 변화 양상
이상민 | 고려대 교육학과

388 사회자본과 경제발전 그리고 정부의 질
도수관 | 대구가톨릭대 행정학과

389 망명과 귀환이주
서장원 | 고려대 독일문화학과

390 근거기반실천과 사회복지
김유진 | 경북대 사회복지학부

391 인터넷상 정보 유통에 대한 새로운 저작권 규율 방향 모색
박준석 | 서울대 법학전문대학원

392 한국 사회의 인종차별적 담화구조
이창수 | 한국외대 통역번역대학원

393 사회복지사의 사회복지 가치 지향
김용석 | 가톨릭대 사회복지학과

394 개인정보의 국제적 유통에 따른 법적 문제와 대책
박훤일 | 경희대 법학전문대학원

395 정신장애인의 인권
서미경 | 경상대 사회복지학과

396 취약계층 비만청소년들의 체중관리를 위한 건강증진 프로그램의 효과
김영호 | 서울과학기술대 스포츠과학과

397 한국 전통의 돈의 문학사, 나눔의 문화사
서신혜 | 한양대 창의·융합교육원

398 와이파이 공간과 모바일 정보 격차
이건학 | 서울대 사회과학대학

399 도시정비사업의 법적 쟁점과 해설
성중탁 | 경북대 법학전문대학원

400 사회서비스 제공기관의 조직요인과 성과
신창환 | 경북대 사회복지학부

401 도시 사운드스케이프 디자인
전진용 외 | 한양대 건축공학부

402 지방의회 의원윤리연구
김택 | 중원대 경찰행정학과

403 발달장애인 자립생활 증진을 위한 역량탐색 및 주거로서의 해결과제
김라경 | 광주교육대 교육학과

404 외국인고용제도개선과 인권
김상호 외 | 경상대 법과대학

405 사회복지연구에서 질적방법과 분석
김인숙 | 가톨릭대 사회복지학과

406 현대미술에서의 예술적 성장과 창의적 인재양성
백경미 | 울산과학기술원 기초과정부

407 현대인의 삶과 문화예술교육
곽삼근 | 이화여대 교육학과

408 문화적 배경과 체화된 인지
민동원 | 단국대 경영학부

409 아동 섭식행동평가 척도 표준화 및 섭식문제 현황 조사
정경미 | 연세대 심리학과

410 잊혀질 권리: 이상과 실현
문재완 | 한국외대 법학전문대학원

411 인권의 지역화: 일상생활의 인권 증진을 위하여
김중섭 | 경상대 사회학과

412 다문화 시대 이주민의 한국어 의사소통
민병곤 외 | 서울대 국어교육과

413 다문화 시대의 문화교육 커리큘럼
윤여탁 외 | 서울대 국어교육과

414 다문화 시대의 통일교육
박성춘 외 | 서울대 윤리교육과

415 다문화 시대 사회 통합을 위한 시민 교육
이진석 외 | 부산대 일반사회교육과

416 다문화 관련 법률 및 제도
박성혁 외 | 서울대 사회교육과

417 생태복원의 인문학적 상상력
김성도 외 | 고려대 언어학과

418 다국내 출생 다문화가정 청소년의 아픔과 분투: 사회적 차별로부터의 회복과 성장
서영석 | 연세대 교육학과

419 종교심리학의 이해: 죽음인식의 논의를 중심으로
김재영 | 서강대 종교학과

420 글로벌 시대의 사회통합: 세계적 추세와 한국의 위상
장용석 외 | 연세대 행정학과

421 소규모 사회적기업과 소셜미디어 마케팅
박철 | 고려대 글로벌비즈니스대학

422 동아시아 가면극의 역사와 전승양상
전경욱 | 고려대 국어교육과

423 무엇이 우리를 행복하게 하는가?
구교준 외 | 고려대 행정학과

424 디지털 중독의 이해와 대응 방안
오원석 외 | KAIST 경영대학

425 지속가능발전목표(SDG) 시대 한국의 복지와 행복지표 측정
한준 외 | 연세대 사회학과

426 지방정부 간 사회복지 불균형과 시민 행복
장용석 외 | 연세대 행정학과

427 일 · 여가의 변화와 행복 복지
유홍준 외 | 성균관대 사회학과

428 가족시간과 삶의 질
이윤석 외 | 서울시립대 도시사회학과

429 사회복지사의 유데모니아: 사회복지의 가치와 보람, 그리고 행복
송인한 외 | 연세대 사회복지대학원

430 행복을 위한 움직임
안문경 | 국민대 교양대학

431 읽기 장애 조기 선별검사의 측정학적 적합성 연구
여승수 | 부산교육대 유아교육학과

432 문화적 다양성과 창의성: 심리학적 관점
장재윤 | 서강대 심리학과

433 내일의 종언(終焉)? 가족자유주의와 사회재생산 위기
장경섭 | 서울대 사회학과

434 산림공유자원관리로서 금송계 연구
배수호 외 | 성균관대 행정학과

435 한국 경제발전의 문화적 기원: 추격성장, 발전국가 그리고 문화적 혼종성
김명수 | 한양대 정보사회학과

436 4차 산업혁명의 일자리 진화
이민화 | KAIST 미래전략대학원

437 금융 분야에 있어서 4차 산업혁명 시대와 일자리 대책
고동원 | 성균관대 법학전문대학원

438 노동의 디지털화와 산업노동의 미래: 독일 산업 4.0을 중심으로
임운택 | 계명대 사회학과

439 4차 산업혁명과 고등교육 개혁
김민희 외 | 대구대 교직부

440 4차 산업혁명과 일자리 정책의 미래
권혁 외 | 부산대 법학전문대학원

441 복지공급론: 보건복지의 수단과 체계
강창현 | 단국대 공공관리학과

442 생각 중심 교육
박주용 | 서울대 심리학과

443 청소년 독자의 정체성과 문식 활동
이순영 | 고려대 국어교육과

444 인간의 심리를 조작하는 사회공학기술
김석수 | 한남대 멀티미디어학부

445 한국사회 이타적 행동에 대한 이해
강철희 외 | 연세대 사회복지대학원

446 이주민의 사회적 배제: 세대 간 전이와 민족 계급화를 중심으로
최혜지 | 서울여대 사회복지학과

447 사회복지, 업의 변화와 마케팅
이원준 | 청주대 경영학과

448 충남 민속의 이해
이필영 | 한남대 역사교육과

449 한국 청소년들의 공동체지향목표
신종호 외 | 서울대 교육학과

451 지방 인구구조의 변화와 지역 사회복지 전달체계
기정훈 | 명지대 행정학과

452 고령 친화적 도시재생뉴딜: 일본의 고령친화 주거지재생 정책 사례 연구
김현주 | 서울연구원 초빙 부연구위원

455 한국 다문화 사회의 교육과 복지 실천
김영순 외 | 인하대 사회교육과

456 뉴미디어와 이주민: 소셜미디어시대 서울 지역 중국동포들의 미디어 이용과 적응
김용찬 | 연세대 언론홍보영상학부

457 제1기 헌법재판소: 헌법재판의 황무지에 단단한 초석을 놓다
임지봉 | 서강대 법학전문대학원

458 저소득층 초등학생을 위한 식생활교육 프로그램 개발: 심리 · 사회적, 영양학적 요인을 중심으로
김경원 외 | 서울여대 자연과학대학 식품영양학전공

459 지역공동체 참여의 이론과 현실: 지속가능하고 포용적인 공동체를 위한 대안의 모색
한상일 | 연세대 글로벌행정학과

460 한국가정과 다문화가정 내 배우자 폭력의 유형 및 특성 비교 연구
그레이스 정 | 서울대 아동가족학과

아산재단연구보고서

001 한국인의 도덕성 연구
배해수 | 고려대 국문학과

002 산업화와 청소년 진로
이원호 | 울산대 교육학과

003 공동체의식과 시민운동
김영섭 | 한양대 행정학과

004 한국청년의 삶의 의미 충족도와 만족적 태도
안정수 | 경희대 철학과

005 중국조선족의 사회발전과 한 · 중관계의 위상
손장권 | 고려대 사회학과

006 해송림 "솔껍질깍지벌레"의 천적 및 주요 종의 생태
김규진 | 전남대 농생물학과

007 사회정의와 실천윤리
박종대 | 서강대 철학과

008 동구개혁의 영향
김달중 | 연세대 정치외교학과

009 한국청소년의 의식세계
김문조 | 고려대 사회학과

010 고강도 철근 콘크리트 구조의 실용화
정헌수 | 중앙대 건축학과

011 신기술의 연관형태 및 출현예측의 구조모형
권철신 | 성균관대 산업공학과

012 민간기업의 연구개발을 위한 조세정책
권영훈 | 한양대 경제학부

013 기술개발 활성화방안
송승구 | 울산대 화학공학부

014 부패의 현상과 진단
이문조 | 영남대 정치외교학부

015 연구투자의 지역적 편중화와 부산지역의 기초과학연구 활성화방안
윤웅찬 | 부산대 화학과

016 GATT의 신구 덤핑방지협정과 그 대응 방안
전창원 | 동국대 무역학과

017 한국사회의 도덕성 제고를 위한 진단과 처방
황경식 | 서울대 철학과

018 새로운 노사관계 방향
이진규 외 | 고려대 경영학과

019 21세기 동북아 정세예측과 한국의 전략적 대응방안
최평길 외 | 연세대 행정학과

020 소련의 한국에 대한 정책목표분석
신승권 | 한양대 정치외교학과

021 메모리 커패시터용 $Pb(Zr_xTi_{1-x})O_3$ 강유전체 박막의 제작과 특성
장지근 외 | 단국대 전자공학과

022 러시아 국제법학의 전통
김용구 | 서울대 외교학과

023 유럽연합의 현황과 전망
김동현 외 | 성균관대 행정학과

024 중국의 정치동원
송영우 외 | 건국대 정치외교학과

025 산업적 활용을 위한 이동로보트 시스템의 개발
박민용 외 | 연세대 전자공학과

026 중국조선족의 정치사회화과정과 동화적 국민통합의 방향
전인영 외 | 이화여대 사회생활학과

027 공적부조의 이론과 실제
최일섭 외 | 서울대 사회복지학과

028 대외통상환경의 변화와 법제개편
서헌제 | 중앙대 법학과

029 기업금융의 국제화
최생림 | 한양대 경영학부

030 자동차부품공업의 노사관계
김호진 외 | 고려대 행정학과

031 산업화 과정에서의 한국가족의 실태와 전망
정창수 외 | 성균관대 사회학과

032 공무원 가치관 실태와 정립방안
배병룡 외 | 경상대 행정학과

033 해외귀국청소년의 국내적응연구
이장영 | 국민대 사회학과

034 초고속정보통신망에서 LAN서비스 제공방안
이재용 | 연세대 전자공학과

035 WTO체제의 정책적 대응
김병진 외 | 경희대 행정학과

036 유럽의 통합정치
최수경 외 | 충남대 정치외교학과

037 유기질폐기물을 이용한 고단백사료원인 조류의 생산공정
최정우 외 | 서강대 화학공학과

038 초고속정보통신망의 수용성과 정책방향
박영상 외 | 한양대 신문방송학과

039 중국의 강남사회와 한중교섭
조영록 외 | 동국대 사학과

040 세계화시대의 사회 · 문화의식
신행철 외 | 제주대 사회학과

041 국내 외국인 노동자의 문제와 대책
성규탁 외 | 연세대 사회복지학과

042 노인인력 활용정책과 프로그램
김정후 외 | 강원대 법과대학

043 한일간 학술교류 현황과 활성화방안
정홍익 외 | 서울대 행정대학원

044 계량모형에 의한 한일 경제관계의 이해
김명직 외 | 한양대 경제학부

045 직장인의 음주행태와 삶의 질
진기남 외 | 연세대 보건행정학과

046 유통정보 시스템의 구조와 설계
정용길 | 충남대 경영학과

047 남북통일 이후 사회통합을 위한 교육의 역할
안기성 외 | 고려대 교육학과

048 대중음악에 심취한 청소년들의 심리적 특성
김인경 외 | 연세대 인간행동연구소

049 멀티미디어 시스템을 활용한 교육환경의 개선방안
김한일 | 제주대 컴퓨터교육학과

050 탈냉전기 한일관계의 쟁점
최상룡 | 고려대 정치외교학과

051 자치시대 새로운 '삶의 질' 지표의 모색
김형기 외 | 경북대 경제통상학부

052 유럽통합의 역내외 협력과 갈등
이호재 외 | 고려대 정치외교학과

053 21세기를 대비한 신노사관계
김재원 | 한양대 경제학부

054 대학의 시간제학생 등록제
안규철 외 | 전남대 교육학과

055 21세기에 대비한 방송통신정책
한진만 외 | 강원대 신문방송학과

056 주민참여를 통한 혐오시설 관리운영방안
박균성 외 | 경희대 법학부

057 여성의 정치적 권리인식과 정치참여
전경옥 외 | 숙명여대 정치외교학과

058 한국인 위장질환과 식생활 · 환경요인 및 *H. pylori* 감염과의 관계
이양자 외 | 연세대 식품영양학과

059 학생과 시민의 자원봉사활동
윤정일 외 | 서울대 교육학과

060 동북아 환경문제와 지역환경협력의 모색
신연재 외 | 울산대 정치외교학과

061 노인 자원봉사활동을 통한 사회통합 프로그램 개발
김동배 | 연세대 사회복지학과

062 물류정보 시스템
김태현 | 연세대 경영학과

063 전자식 문서교환을 이용한 항공화물 운송체계
민재형 | 서강대 경영학과

064 청소년과 성
이근후 | 이화여대 의과대학

065 민족통합과 무궁화호 위성의 남북한 공동활용방안
방정배 | 성균관대 신문방송학과

066 채식주의가 20대 여성의 영양상태와 에스트로겐 대사에 미치는 영향
성미경 | 숙명여대 식품영양학과

067 가상정보공간을 통한 지역개발 활성화 전략
유재천 외 | 한림대 언론정보학부

068 조산아 관리현황 및 정책수립 방안
박상기 외 | 조선대 의과대학

069 남북한관의 의식조사와 통일교육 개선 방안
김동규 외 | 고려대 북한학과

070 동양 전통 자연사상 탐구
장동순 | 충남대 환경공학과

071 초고속정보망의 시뮬레이터 구현
한기준 | 경북대 컴퓨터공학과

072 유통원가 시스템의 유효성
정다미 | 명지대 경영학과

073 국악과 문화관광의 만남
정익준 외 | 동아대 국제관광통상학부

074 기업의 지식경영 활용사례
김창은 | 명지대 산업공학과

075 선진국과 한국의 직업교육 · 훈련제도의 특성과 한계
정주연 | 고려대 경제학과

076 제주지역 성인 여성의 자원봉사활동
이상철 외 | 제주대 사회학과

077 M&A와 문화충돌 관리
박원우 | 서울대 경영학과

078 폐금속광산 인근 주민들의 중금속 오염실태
정종학 외 | 영남대 의학과

079 북한 농촌 · 농업실태와 인력자원개발 시스템을 통한 북한 농민의 구호방안
박성열 | 건국대 교육공학과

080 중소 소매점의 경쟁력과 소매성과
채명수 외 | 한국외대 무역학과

081 고령자를 위한 쾌적한 실내온도와 착의량의 설정
정운선 | 안동대 의류학과

082 지역문화 이벤트 PR
박종민 | 경희대 언론정보학부

083 인터넷 지역정보화의 실태와 전략
유평준 외 | 연세대 행정학과

084 여성 삶의 질 향상을 위한 사회교육 활성화 방안
김양희 | 중앙대 가족복지학과

085 벤처기업과 벤처금융
강대석 외 | 충남대 무역학과

086 구조조정기에 있어서 실업대책과 사회 안전망 구축
박천익 | 대구대 경제학과

087 한국 유아의 조기교육
이명조 외 | 한국외대 교육대학원

088 남북한 경제공동체 형성전략
이상만 | 중앙대 경제학과

089 지방자치회계의 투명성과 주민의 알 권리
권찬태 외 | 경북대 경영학부

090 정치지도자의 정책리더십
이해영 | 경일대 행정학과

091 경제위기와 한국인의 복지의식
신광영 외 | 중앙대 사회학과

092 북한의 노동
김강식 | 한국항공대 경영학과

093 우리나라 중소기업의 정보기술 활용 현황과 경쟁력 강화를 위한 제안
정승호 | 부산외대 정보시스템학과

094 인간배아복제의 법적 · 윤리적 문제점과 그 해결방안
최병규 | 한경대 법학부

095 가치변화에 따른 투표행태
조찬래 외 | 충남대 정치외교학과

096 인터넷 경매에서의 계약체결과 소비자 보호
이기수 외 | 고려대 법과대학

097 세계화시대 남북한 통합의 방향과 과제
윤민재 | 서울대 사회발전연구소

098 글로벌 시대 지방정부의 문화마케팅 전략
박흥식 | 중앙대 행정학과

099 대졸여성실업의 실태분석 및 대학-노동시장 간 효율적 연계방안
이은우 외 | 울산대 사회과학부

100 그린 투어리즘의 분석
이응진 | 대구대 관광학부

101 지방자치단체장의 부정부패
오일환 | 한양대 아태지역연구센터

102 산업화가 유교체제하 중국여성의 지위에 미친 영향
천성림 | 배재대 사회과학연구소

103 움직이는 말하기
유혜숙 외 | 나사렛대 교양학부

104 장애학생을 위한 특수교육공학의 활용
김용욱 | 대구대 중등특수교육과

105 지식기반사회의 평생교육 이해와 평생교육 프로그램 개발
박성열 | 건국대 교육공학과

106 N세대의 미술교육
김동철 | 대구교육대 미술교육학과

107 노후계획과 투자
권택호 | 여수대 국제통상학과

108 영화산업
양영철 | 경성대 연극영화학부

109 동유럽의 변혁과 언론의 역할
정대수 | 경남대 정치언론학부

110 환율, 임금, 물가가 국제경쟁력 및 수출입산업에 미치는 영향
하인봉 | 경북대 경제통상학부

111 일본기업의 기술혁신 전략
위정현 | 중앙대 상경학부

112 노후보장정책과 역저당연금제도
조덕호 외 | 대구대 행정학과

113 유비쿼터스 라이프와 미래 사회
김석수 | 한남대 멀티미디어공학과

114 죽음과 관련된 생명윤리적 문제들
구인회 | 가톨릭의과대 인문사회과학교실

115 경제적 세계화와 빈곤문제, 그리고 국가
김준현 | 한일장신대 인문사회과학부

116 한국의 세계불교유산
김종명 | 한국학중앙연구원 한국학대학원

117 복지레저서비스론
고태규 | 한림대 국제학부

118 자생적 철학체계로서 인간중심철학
선우현 | 청주교대 윤리교육과

119 전략적 통합과 한반도 평화체제
김승채 | 고려대 정책대학원

120 환경사법론
전경운 | 경희대 법학부

121 인터넷 자료를 통해 본 한국의 이혼문화와 사회복지
성정현 외 | 협성대 사회복지학과

122 유럽연합의 사회정책에 관한 연구
문진영 | 서강대 신학대학원 사회복지학과

123 여성건강의 통합적 관점
김혜원 | 관동대 간호학과

124 복잡계 네트워크 과학
강병남 | 서울대 물리천문학부

125 경제적인 3세대 전원주택 개발
박근준 | 호서대 건축공학과

126 사회복지와 인적자원개발
이상일 | 인제대 국제경상학부